日本の司法福祉の源流をたずねて 1

獄務要書

小河滋次郎――著

慧文社

シリーズ「日本の司法福祉の源流をたずねて」刊行にあたって

近年、体感治安の悪化により、いわゆる刑罰の「厳罰化」を求める声も大きくなっている。少年法も適用年齢引き下げの議論が行われている。しかし、一般刑法犯検挙人員中の再犯者の占める割合（再犯者率）は、年々高まり、平成二六年では四七・一%となっている。これは一度罪を犯すと立ち直るのが難しいということを物語っている。社会に「居場所」と「出番」がなく、そうかといって福祉サービスを十分に受けられないために、犯罪を繰り返しては刑事施設の中で生活する人も多い。日本の犯罪率と再犯率を下げるためにも司法福祉の充実が急務である。これからの日本の司法福祉はどうあるべきか。それについて考えるために、その源流を再確認することは重要である。先人たちの名著をひもとくことによって、現在の問題と、これから進むべき道がより深く見えてくるに違いない。

慧文社

改訂版刊行にあたって

一、本書は一八九九年に発行された小河滋次郎（著）『獄務要書』（大日本監獄協会出版部）を底本として、新たに序文を附し、編集・改訂を加えたものである。

一、原本における明らかな誤植、不統一等は、これを改めた。

一、原本の趣を極力尊重しながらも、現代の読者の便を図って以下の原則に従って現代通行のものに改めた。

i 「旧字・旧仮名」は原則として「新字・新仮名」に改めた。
（例…「盡→尽」「云ふ→云う」等）

ii 踊り字は「々」のみを使用し、他のものは使用しない表記に改めた。また、法律の条文など、片仮名及び濁点なしの表記は漢字のみ新字に直し、仮名はそのままにとどめた。

iii 送り仮名や句読点は、読みやすさを考えて適宜取捨した。

iv 難読と思われる語句や、副詞・接続詞等の漢字表記は、ふりがなを付すか、一部かな表記に改めた。

v 巻末に新たに解題を付した。

vi 圏点は煩雑さを除くため、ゴマに統一した。

慧文社

自序

余、かつて独乙《ドイツ》連邦諸国の監獄に於いて採用する所の袖珍《しゅうちん》教科用書の体裁に倣《なら》い、獄務提要と題する一小冊子を編纂《へんさん》してこれを世に公にせり。その意、盖《けだ》しこれを以て看守諸氏が獄務の大体に通暁《つうぎょう》する一助たらしめんと欲するにありしなり。爾来《じらい》、歳を閲《け》みすること茲《ここ》にほとんど八年あまり。監獄事業は駸々《しんしん》としてますます改良の域に進み、これに対する司獄官吏の責任もまたいよいよその重きを増加するに至らんとし、顧《かえり》みてまた一方を見れば、世間、到る処に司獄官吏養成の声甚《はなは》だ盛んにして、政府の如きもまた率先《そっせん》、これに尽力する所あらんとするの時に際会《さいかい》す。斯業《しぎょう》の前途これよりますます多事且つ多望なりと謂《い》うべし。然《しか》れども、余をして窃《ひそ》かに杞《き》憂《ゆう》に堪《た》えざらしむるものありと謂うは他にあらず。養成に重きを置くの結果は、或いはたまたま人をして徒《いたず》らに高尚《こうしょう》浮華《ふか》の空論に馳《は》せ、かえって斯業の要素たる忠誠贄実の美徳を失うに至らしめんこと即ちこれなり。所謂《いわゆる》詩を作るを知って田を作ることを知らざらしむるに至るは、ややもすれば学校的教育に免《まぬ》がるべからざるの通弊《つうへい》にして、一旦もし躬行実践《きゅうこうじっせん》の聖域たる監獄をしてこの弊を受くるが如きことあらしめば、規律は即ちこれが為めますます壊乱し、斯業改良の事、終《つい》にまた全くその進行を阻止するに至るを恐れずんばあらず。殷鑑《いんかん》遠からず、伊仏の二国にあり。深く慎戒《しんかい》を加うる所なかるべけんや。

余、かつて欧洲に遊び、窃《ひそ》かに彼《ひ》我《が》司獄官吏の優劣を比較して感ずる所あり。知識の素養に於いては、我或いはかえって彼に優る所ありといえども、その能《よ》く規律の素養に富み、また職務に忠実熱誠《ねっせい》なるものあるの点に至っては到底、我の遠く彼に及ぶ能《あた》わざる所にして、彼に於ける獄事の成蹟の赫々《かっかく》たる所以も、また実にこれに存すべしと謂《い》うこと、即ちこれなり。余が所感をして果たして太過《たいか》なからしめば、我が今日の司獄官吏に求むる所は智識の素養にあらずして、寧《むし》ろ規律の素養に在りと謂うべく、気品の高からざるは未だ以て憂《うれ》いとなすに足らず。忠実熱誠を欠くに至っては、則ち深くこれを憂いずんばあらざるなり。然らば則ち我が斯業の前途に慮《おもんぱ》かる所の者、宜《よろ》しく、まず精神的修養を以て司獄官吏殊に看守教習の主眼とし、反省自得、終に以てこの光栄ある職務の本質を了解せしむるに至るの工夫あるべきこと必要にして、自得あって趣味の感あるべく、趣味の感あって而して後《の》ち、始めて能く職務に忠実熱誠ならしむるを期すべきなり。

前著獄務提要の例言に記したる一節に曰く

著者かつてこれを故ゼーバッハ先生に聞く。独逸《ドイツ》の監獄に在っては殊《こと》に重きを彼の看守必携なるものに置き、新任看守の如きに対しては数月間ほとんど毎日これを課読せしむるの例なるを以て、苟《いやし》くも看守たる者は大概皆これを暗誦し得ざる者なく、看守長が看守を訓戒し、上班看守が下班看守を指導する等の場合に当たっても事々凡《す》べて引証をこれに取らざるはなし云々故先生の言、実に吾《わ》れを欺《あざむ》かず。余は親しく彼地《かのち》の実況を目撃するに及んで一層ますます看守必携なるものの必要を認め、彼多数看守のその職務に忠実熱誠なる所以のものも、その基《もとづ》く所は則《すなわ》ちこの小冊子に由って精神的修養を尽《つ》くすが為めなるを感知せり。たまたま時運の変遷に対してますます余が所感を深うする所のものあり。終に復《ま》た余をして本書の編述に従事するの止むを得ざるに至らしめぬ。余、豈《あ》に徒らに言論を好む者ならんや。

治獄各般の事、ほとんど一として看守の職務に関係せざるはなく、その張弛《ちようし》の分かるる所もまた一に懸って看守の力にありと謂うも可なり。余が常に重きを司獄官吏中、殊に看守諸氏の上に置く所以にして、その修養の資に充つる所の本書に対し、これに獄務要書の名称を冠せしむるに至りたるも、またこれが為めなり。而してその目的を同じうする所の前著獄務提要の名称を襲用せざりし所以のものは、全部ほとんど記述の実質を同じうせざるが為めにして、余が思想の変遷より起こる自然の結果としてまた止むを得ざるに出ずるなり。聊《いささ》か一言を巻端に弁して序文に代う。

明治三十二年八月

岳洋居士識

目次

第一章 緒論

言うは易《やす》くして行うは則ち難《かた》し。人情ややもすれば難きを避けて易きに就《つ》かんとす。世間、多言の人あって躬行《きゆうこう》の士少なき所以《ゆえん》にして、古聖が言に、訥《とつ》にして行《おこな》いに敏《びん》ならんことを努めよ、と戒めたるは蓋《けだ》しこれが為めなり。クローネ氏曰く、監獄は躬行実践の聖域たり、空理空論をして一歩もこの聖域を犯さしむること勿《なか》れ、と語る。簡《かん》といえども能《よ》く治獄の秘訣を言い尽したるものと謂うべし。謹厳真率《きんげんしんそつ》なる監獄事業に奉職する所の者、殊《こと》に最も寡言篤行《かげんとっこう》の美徳を全うするの覚悟なくんばあるべからず。監獄は目の場所にして耳の場所にあらず。口舌なるもの監獄に在ってはほとんど半銭の価直なし。監獄官吏殊に看守に要する所のものは智弁にあらずして躬行に在り。躬行の逮《およ》ばざるを恐れて智弁の足らざるを憂《うれ》うるなかれ。宜しくその己れを修むること最も謹厳《きんげん》にして造次顛沛《ぞうじてんぱい》の間も活きたる罪囚の摸範たるを忘れず、彼をしてその間断なき見真似に由って自然に薫陶感化するに至らしむるの工夫あるを要す。

監獄の改良は人に存して物に存せず。監獄改良の目的を達するが為めには獄制及び構造の完備を計ること、もとより必要なりといえども、しかもこれらの物、畢竟《ひっきょう》ただ一の手段、即ち器械たるに過ぎず。その美なるは必ずしも以て誇るに足らず、また深く頼みとなすに足らず。運用もしその人を得ざれば、美法も死文に帰し、大廈《たいか》もまた敗屋《はいおく》と相撰《あいえら》ばざるに終わらんのみ。その不完全なるもまた以て恥ずるに足らず、或いはまた深く憂いとなすに足らず。至難は即ち至難なりといえども、また何《な》んぞその間、自ら能くこの至難に勝って機宜《きぎ》の妙用を全うするの余地なしとせんや。苟《いやし》くも当局その人を得ば、即ちなお以て罪囚感化の目的を達するを得べきなり。精良なる器械を用いて精巧の物品を製作するは、傭工もなおこれを能くする所にして、決して以て異数となすに足らず。今や我が国、獄制なお未だ完全なりと謂うを得ず。構造に至っては到る所、極めて不備不完全なるを免れざるの時に方《あた》り、進んでますます監獄改良の効果を収むる所あらんとす。名匠即ち獄務当局の人物に待つあるの急まる所以にして、政府が孜々《こうこう》として監獄官吏養成のことに努むる所あるもまたこれが為めなり。名匠は器を撰ばず。この語、須《すべか》らく以て監獄官吏坐右の銘とすべし。

単に看守と云う。もし果たして読んで字の如くなるに止《とど》まらしめば、看守の職務は極めて簡単且つ容易なるものと謂わざるを得ず。然るに看守もまた監獄官吏の一部にして、獄務執行の機関たる働きをなす上に就いては敢えて典獄その他の官吏と相軽重《あいけいちょう》する所あるを見ず。否、もし強いてその間に軽重ありと謂わば、獄務諸般の事ほとんど一として看守の双肩《そうけん》に懸らざるはなきを以てその職務は最も重要にして困難なるものなりと謂うを得べし。上官下僚の差別こそあれ、典獄も看守もその職務の獄務全般のことに責任あるに至っては即ち一なり。下に於ける看守は上に於ける典獄にして上に於ける典獄は下に於ける看守なり。典獄が獄務の目的を達するが為めに深くその心身を労する所あるが如く、看守もまた同一の職責を全うするが為めに大いに尽瘁《じんすい》努力する所なくんばあるべからず。職務に貴賤ない、貴賤は人に存す。況《いわ》んや看守の職務に於いてをや。位置低きが故にその職務もまた軽易なりと謂う勿《なか》れ。これを家屋に譬《たと》う。看守は家屋即ち獄務の基礎となり地盤となってこれを保全するの位置を占む。基礎堅からざれば家屋、牢固《ろうこ》なる能わず、看守その人を得ざれば獄務の完整もまた得てこれを期すべからず。看守の職務の重要なること斯くの如し。何んぞまたその文字の言い現わすが如く、爾《し》かく簡単にして且つ容易なるものならんや。はたまた、監獄は実に国家安危の由《よ》って繋《つな》がる所。監獄にして能く罪囚感化の目的を達するを得ば、国家、由って以て安寧《あんねい》なるを得《う》べく、民人、頼って以てその慶康《けいこう》に浴するを得べし。看守の職務にして果たして罪囚感化の事に直接の関係あるものなりとすれば、その職務は即ち神聖にして且つ光栄あるものにあらずや。世俗、ややもすれば看守の職務を簡易卑賤のものとしてこれを軽蔑す。これ蓋《けだ》し監獄官吏を牢番視したる旧時代の残夢のみ。必ずしも世俗のこれを悟らざるを憂いとなす勿れ。

看守の職務に内外の別あり

看守の職務は単に罪囚を監察視査して獄則教令の励行を努むるのみを以て能事了せりとは謂うべからず。監察またはこれを戒護と云う。戒護は看守の外部に対する半面の職務たるに過ぎずして、併せてまた内部に属する半面の職務あるを忘却すべからず。教養感化、即ちこれを看守の内部に属するの職務と云う。詳言すれば、即ち罪囚を感化してこれを良民に復帰せしむる職務と云うの義なり。外部に属するの職務は分掌例または服務心得等を以てその大綱を規定し得べしといえども、内部に属するの職務に至ってはその事柄の既に無形なるが如く、文字を以てこれを言い現わすこと到

看守の職務は軍人の職務に酷似す

底、至難のことなりと謂わざるを得ず。されば看守の職務にある所の者、ただ分掌例もしくは服務心得の規定に盲従して専意、これを励行《れいこう》し得たるを以て職責を全うしたるものとは謂うべからず。況んや内部無形の職務に属する事柄に於いてをや。条文、以てこれを規定すべからず、命令、以てこれを表題する能わざるもの、寧《むし》ろその多きに居ると了知せよ。看守の職務の器械的、簡易無造作のものたらざる所以にして敏活健全なる理解力を俟《ま》って始めて能くこれを自得するを得べし。

看守の職務はその性質、軍人の職務と酷だ相似たり。彼の軍人が国境を侵犯する所の外敵に対して干城《かんじょう》の任務を竭《つく》すが如く、看守は則ち国家の秩序安寧を妓賊する所の内敵に抗し、一面、これを制圧して社会の危害を防《ぼう》遏《あつ》し、一面これを矯治《きょうち》して国家の福祉を増進せんことを努めざるべからず。これ豈に治世の戦いなるにあらずや。人と戦うは易く、心と闘うは則ち難し。況んや既に戦闘力を喪《うしな》いたる敗残の弱卒を指揮してその心の強敵と闘わしめんと欲するに於いてをや。軍人の任務に比すれば一層困難を加うるものあるを信ず。少なくも軍人以上の智勇ある者にあらずんば決してまたこの任務を全うし能うべきにあらざるなり。

看守たる者、須らくまずその職務の大綱を知るを要す。これを知らば、自重の念自らこれに伴い、躬行実践の必要なる所以もまた従って心に釈然たるを得べし。

第二章　看守の職務に対する一般の心得を論ず

既に身を以て斯業に投ず。須らくこれを以て天与の位地と信じ、眼をあらゆる外物に絶ってひたすら、心身を斯業に専注するの工夫なくんばあるべからず。人、ややもすれば他の境遇を羨慕《せんぼ》してこれを希求《ききゅう》す。希求の念、一たび生ずるときは則ち自己の地位を軽《かろ》んじ、地位を軽んずるの結果は終にその職務に忠実且つ励精《れいせい》なる能わず。忠実励精なる者にあらずして如何《いか》んぞ能く一日もこの責任の至大なる職務を全うし得べけんや。苟くもこの職務を以てその生命となすの覚悟ある以上は、決してまた他の境遇位地を顧みるが如きことある勿れ。高きに登る、低きよりす。看守の境遇は実に他日の上官たる地歩を為すものなり。一の吏務に忠誠ならざる者、何《いず》くんぞ能く他の吏務に忠誠なるを得んや。下級の職務に適当の資格を有せざる所の者、何んぞ能く上級にして有力なる職務に適任の資格あるを得べけんや。不レ守二其位一而久者鮮矣。宜しくその分に安んじて、而してその職に精励なれ。

営々刻苦して始めて衣食の資を得べし。何れの生業か辛苦艱難ならざるものかある。然れども、己れの生業を以て最も辛労の多きものなりと感ずるは人情の常にして、官吏は則ち実業家の不羈《ふき》独立《どくりつ》なるを慕い、実業家は却ってまた官吏の境遇の平静安固なるを羨《うらや》む。看守の前身は或いは軍人たり教員たり、或いは商買たり工匠たり、或いは農業家たり警察官たり、或いはまた長く書生放浪の境遇に生活したる者あらん。その境遇を捨ててこの職務を志願するに至りたる当時の理想如何と顧みよ。思うに未だ深くこの職務の実質を詳《つまびら》かにするに及ばず。或いは比較的、労少なくして報酬の豊かなるべきを速了し、もしくはまた、兎《と》も角《かく》、一時これに由って糊口《ここう》の資を得んと欲するの事情に余義なくせられたるが如き者、必ず多かるべしと信ず。余が知れる所の看守あり、かつて巡査を辞して看守を志願したる当時の心事を述べて曰く。

世に巡査ほど割の悪き職務はあらじ。勤労、徒らに劇《はげ》しくして俸給薄《うす》く、責任濫《みだ》りに大にして、名誉これに伴わず。寒天に風雪を犯して夜警をなし、災天、日光に曝《さら》されて立番に当たる。近く警《けい》鐘《しょう》の響くを聞けば、非番の時といえども、衾《きん》未だ暖かならざるに、直ちに蹴起してこれに馳《は》せ、命令の下る所、身を以て火中にも投ぜざるべからず。悪疾《あくしつ》、一たび我が部内に侵襲し来る時に当たっては、身に病苦ありといえども、これを以て伝染患者に触接するの危険をのがるるの辞柄《じへい》となす能わず。率先、以て消毒看護の任務を尽くし、或る時は即ち遠路、病者を護してこれを避病院に送り、或いはまた穢巷、九尺二間の陋屋《ろうおく》の前に立って、交通遮断の役をも務めざるべからず。あらゆる危難を冒して兇賊に当たり、これを捕えて功なく、捕えざれば則ち職務の過失となる、功揚《あが》らずして小過たちまち摘発せらる。監督、徒らに厳にして、譴責《けんせき》、頻《しき》りに至る。社会公衆を査察する所の者、その身、却って常に社会公衆の為めに査察せらる。人、困厄《こんやく》に遭《あ》うときは、その事件の何たるに拘《かか》わらず、直ちに来って我の救護を求むるも、その節制を蒙《こうむ》むるに至っては、則ち我を誚《そし》り、我を侮るを憚《はばか》らず。酒席街頭、我を見ることあたかも毒虫の如く、新聞は則ち我を罵詈《ばり》し、走卒児童に至るまでこれを唱和す。ああ我豈に能く久しくこの職務に堪《た》うることを得べけんや。幸いに他に我が現職と兄弟の関係ある任務あり。監獄の看守と称するもの即ちこれ。我が友人にしてこの任務を奉職する者あり。常にその趣味多くして、且つ前途頗《すこ》ぶる希望の豊かなることを説く。我また曾《か》ってしばしば囚人を護送して監獄に到り、ほぼその勤務の実況を知る。想うに彼看守なる所の者、或いは工場に於いて囚徒を監督し、或いは事務室に在って簿《ぼ》冊《さつ》に対す。風雪を犯し炎天に曝さるるの場合甚だ少なく、殊にその受持の囚徒に対するの関係に至っては、あたかも王候のその臣民を待つが如く、一顰一笑《いっぴんいっしょう》、たちまち以て幾百の囚徒を喜憂《きゆう》せしむるに足り、指揮命令する所、一として行われざるなく、反抗する者あれば直ちに懲罰、以てこれを抑圧し、時あって凌虐《りょうぎゃく》を試むることあるも、囚徒は未だ他にこれを訴うるの道あるべからず。仁愛の君主となって彼を懐柔せしむることも得べく、或いは専制の帝王となって彼を畏敬せしむることも得べし。兎も角、囚徒に対しては一方の将帥たる者、即ち監獄の看守なり。鶏頭となるも寧ろ牛後となる勿れ。戦々競々として常に上官の意を迎え、公衆の鼻息を伺《うかが》うに専らなる現在の境遇を以てこれを彼看守の境遇に比すれば、得失のある所、三尺の児童も直ちにこれを判明するを得べし。況んや俸給その他の関係に於いて看守と巡査と同一にして、寧ろ冥々裡《めいめいうち》に在っては、却って彼のこれに優《まさ》るものあるに於いてをや。今日までこれに考慮の及び能わざりし所以のもの、自ら顧みて己れの愚を恥じ、且つ悔いずんばあるべからず。云々。

醜婦もこれを遠望すれば則ち美人の如し。局外の看守観もまたこの類にあらざるなきを得んや。この妄想を懐《いだ》いてこの難局に当たる。日ならずしてたちまちその意想外の甚しきもののあるに避易《へきえき》し、一時、非常に失望悔恨の感に堪えざるの想いあらしむるは蓋し自然の結果なり。

我が国、看守勤続の平均年数の極めて短少にして、しかもその交迭《こうてつ》の頻繁なる。甚しきは未だ教習期限を終えざるの前に早く既に辞職を請い、もしくは廉恥《れんち》をも顧みずして、自ら職務を放棄するが如き者あるの偶然ならざるを知るべきなり。

（欧州各国に於いて余が実見する所に依れば、看守勤続年数の三十年乃至《ないし》五十年の長きに及ぶ者少なからず。懲戒処分に遣るの外、疾病老衰等の事由なくして任意的辞職を請う者の如きはほとんど絶無なり）

看守の職務は艱苦辛労多し

如何なる職務も、もし適実信切《てきじつしんせつ》にこれを執行せんと欲するときは、艱苦辛労のこれに伴うは必然のことなりといえども、就中《なかんずく》、看守の職務の如きは最も艱苦辛労の多きものの一に属す。星を戴いて出で月を踏んで帰るは当の例にして、時あっては則ち昼夜連続して勤務に従事せざるべからず。寒風荒《すさ》む所、徹宵、夜警をなし、燬《や》くが如き炎天に曝されて、外役の戒護に任ず。日、火気に触るるを得ず、夏日、また涼風を取るに由なし。窒息するが如き塵埃《じんあい》の中に立ちて、終日、工場を監督し、不潔汚穢《ふけつおわい》の被服も一々自らこれを精検し、甚しきは則ち彼囚徒の沓をも自ら取ってこれを処理せざるべからず。啻《た》だに喫煙する能わざるのみならず、渇するもまた容易に湯茶の供給をすらも得る能わず。僚友相交談するを得るにあらず。必要あるも特に許可あるにあらざれば、則ち一歩もその受持の区域を去るを得ず。休憩時間ありと云うも、僅かにこれ名義のみの短時にして、大半は則ち受持区より休憩所に往復する間に於いて経過し去る。日曜祭日といえども全休を得るは寧ろ変例に属し、多少退出の早きを得れば則ちこれを以て幸運とせざるを得ず。受持幾多の囚人に対し、獄則教令の命ずる所、尽《ことごと》く適実にこれを執行し、整然たる規律及び秩序は責任を以てこれを確保せざるべからざるは勿論、個人的関係諸般の事、糸毫《しごう》も漏らずなく、すべてこれを詳悉《しょうしつ》せざるべからず。作業を督励《とくれい》して成工の進歩を計り、器具素品の使用を監察して小過も直ちにこれを厳戒するを要す。能く隠微《いんび》を看破して行状の良否を判定し、千種万様、日々の出来事は挙げてこれを帳簿に記入し、もしくは能くこれを記憶して上官不時の監督巡回ある場合の報告に供せざるべからず。左手、剣を提げて右手に牙籌《がちゅう》を握る。算用、毫《ごう》釐《り》を誤れば則ち譴責《けんせき》、立所に到り、瞬間も囚徒をその眼界より離れしむるときは則ちたちまち過失の責に任せざるべからず。情願百出、一々これに向かって適当の処理を尽くし、或いは慰め、或いは諭し、或いはこれを戒《かい》飭《ちょく》す。交談を禁じ喧囂《けんごう》を制し、或る時は則ち身命を擲《なげう》って彼が必死の兇行に当らざるべからず。これを要するに、看守の囚徒に対する、あたかも火燭を携えて火薬庫の前にあるが如し。その心を労するだに、既《す》でに決して容易のことにあらざるなり。況んやその力を労することまた斯くの如く、繁極まり劇の至るものあるに於いてをや。終日心身を労尽して、而して初夜ようやくにして家に帰る。家に帰って食膳の口腹に適するものあるにあらず、団欒会唔《だんらんかいご》の娯楽あるにあらず。偶ま聴く所は則ち家計の苦情、時としてはまた綿の如く疲れ果てたるの身を以て、未だ制服を脱するの遑《いとま》あらざるに早く、すでに私事に奔走するの労を取らざるを得ず。愛児はすでに寝ね、良妻は内政に忙わし、己れもまた明旦の早起を慮《おもんぱか》りて晩酌三盃ならざるに、匆々《そうそう》に就蓐《しゅうじょく》を急がざるを得ず。ああ何れの時か能くその心身を慰むることを得んや。誰れかまた看守の境遇を以て羨むべきものとなすの愚者かある。忍耐強根の者にあらざるよりは、何くんぞ能くこの繁雑不

看守の職務を光明の側面より観察す

利益の職務に当たることを得べけんや。看守にして果たしてこの劇務に献身するの確信ありや否や。この確信なくんば則ち一日も早くその職務を去れ。早く去就を決するは啻《ただ》に看守一身の利益のみならず、またこれ監獄全体の利益なりと謂うべし。

暗黒の裏面には光明あり。所謂苦楽相伴うと称するもの即ちこれなり。試みに思え。世間幾多の生業に従事する所の者、営々刻苦、終日心身を労尽してなお一家糊口の資を得る能わざるもののあるにあらずや。身に十二分の技芸あるに拘わらず、なお且つ時の変遷に当たっては、則ちたちまちその糧道を絶たるるの結果として、終に妻子と共に路頭に彷徨《ほうこう》するの不幸を免れざるにあらずや。これを以てこれを看守の境遇に比す。その俸給はもとより豊かなりと謂うにあらず。またその劇務に報うるに足れりとは云うべからず。然れどもその収入は強固なり。苟くも入るを図って出ずるを制し、節約宜しきを得ば、則ち能く一家数口の資に充てて、なお多少の余裕あるを得ん。一定の収入は時勢の変動如何に由て増減せず、人は世上の不景気または事業の沈滞に遭うてその収入を減ぜられ、もしくは全く職業を失うの時、吾れは則ちその間に立って独り安然たるを得ん。一定の収入を以てたまたま物価騰貴の時あるに遭えば、困難は則ち困難なりといえども、敢えてこれが為め一家を支うる能わざる程の悲境に陥るべしとは謂うべからず。況んや平生、勤倹貯蓄の心懸けある者に於いてをや。況んやまた勤倹の心ある者、必ずその職務に忠実なり。職務に忠実なる者に対しては種々の恵沢のこれに加わるものあるべきのみならず、政府の官吏を待つ自らその法あり。必要あるに方っては則ち当然機宜の救済法を以てこれに応ぜらるるものあるべきに於いてをや。これを以てこれを彼の世上、普通の生業を営み、或いは人の力に頼り、もしくは時運を僥倖《ぎようこう》して不定の収入に衣食する者に比すれば少なくも安心。以てその生涯を経営するを得るの点に於いては、確かに官吏即ち看守の境遇の恵幸《けいこう》あるを知るべきなり。

彼の普通自由の生業を営む所の者を見よ。一朝もし疾病その他の不幸に遭遇することあるの日は、同時にまた収入を得るの道に絶え、病苦に加うるに更らに一層の窮乏を以てするにあらずや。看守の境遇は則ちこれに異なり、たまたま疾病欠勤するあるも、これが為めに敢えて直ちに俸給を削減せしめらるるにあらず。その数日、もしくは数月に渉る場合にあっても俸給は則ちなお依然たり。少なくも公私、幾多の恩恵は則ちこれに伴い、安んじてその病を養い、もしくは家族を不幸の境遇に慰藉《いしゃ》するを得るの道備わる。これまた独り看守に見る所の一大恵幸なりと謂うべし。

壮者、ややもすれば老時を慮らず。しかも招かずして老の来るや意外に速やかなり。彼の労働に衣食する所の者を見よ。老、到れば労力竭《つ》き、労力竭くれば則ちまた糊口の資を得るに道なく、早晩終に饑餓に迫るの運命に陥るを免れず、彼が境遇の前途もまた実に憐れむべきの至りなるにあらずや。看守の前途は則ち全くこれと同じからず、忠勤の前には果報あり。一時賜金の典は姑《しば》らく擱《お》き、老衰、職に堪えずしてこれを辞するの日に到るも、所謂恩給の制あって終身、なお幾分の恵与《けいよ》を受け、もし多少、貯蓄の以てこれを補うものあるに於いては嬉々和楽の中、安んじてその老後の余生を送るを得べきなり。

職務の前にはただ義あるを見て利あるを知らず。強いて効の知らるるを求むべからざること勿論なりといえども、しかもその能否《のうひ》と功過《こうか》は上官常にこれを明察す。明察の結果或いは賞与となり、或いは昇給となり、もしくは未だ異数の抜擢《ばってき》となる。看守の前途、必ずしも看守を以て終うるものと謂う勿れ。今の看守は則ち未来の典獄なり。ただその間に階級あり。看守考査規程もしくは書記看守長特別任用令の如きはあたかも汝の手を取ってこの階級に導きつつあるものなるにあらずや。一歩一歩、進んで止まずんば、汝が十年の未来は少なくも監獄上官の班にあらん。看守の前途望み実に春の海の如し。暗黒の裏面には光明ある所以にして、看守の職務の如きも豈にただ暗黒不利益の半面のみなりと謂わんや。然れども、或いは苦と云い、或いは楽と云う、その別かるる所は一にこの心にあり。もし夫《そ》れ苦感を以てこれに処す。富貴、なお以て楽しとなす能わず、或いは楽感を以てこれを迎う。貧賤もまた毫も苦しみとなすに足らず。楽しんでこの職務に従事する者にあらざる以上は、千万の衆《おお》きあるもこれを頼んで以て治獄の効を期すべからず。人生、行旅の如し。途に険夷《けんい》あり、日に晴雨あり。予めこれを知って相緩急する所あるを要す。看守の職務に於ける暗黒と光明の二面を述べたる所以のものは則ちこれが為めなり。

第三章　看守の職務に必要とする素養を論ず

看守の職務に必要とする素養

文筆の素養

看守は文筆及び算数の素養なかるべからず。採用試験の厳密を要するは則ちこれが為めなり。看守が監房、工場もしくはその他の勤務に受持を指定せらるるの場合に於いては、多少の書類及び計算の事務は必ずこれに伴う。而してこの事務は敢えて甚だ繁難にはあらざるものの如くなりといえども、実際、適当に処理するに至っては、則ち決して容易のことにあらず。斯道に経験ある者の言に曰く、通俗の文を作るは論文を草するよりも難く、公文をなすに至っては更らに一層の困難なるを見ると。看守の処理する所のものは所謂、公文なり。公文の要は謹厳にして字格を正し簡明にして要領を得るにあり。謹厳ならんと欲すれば則ち遅緩《ちかん》となり、簡明ならんと欲すれば則ち粗略に流るるを免れず。看守の職務は一刻も囚人をその眼界より離れしむることを許さず、眼を囚人に注いで筆を簿冊に取る。これに至ってはほとんど魔術なり。精鋭なる脳力と敏活なる技能とを有するにあらざるよりは、何くんぞ能くその処理を全うし得べけんや。

看守は工場担当の任務に当たり、日々囚人作業の科程及びこれに対する料定及び給与の工銭を計算せざるべからず。多きは則ち百人に上り、少なきもまた十数人に下たるは甚だ稀れなり、繁難の極にあらずや。しかも敏捷を努めて毫釐《ごうり》の誤算あるを許さず。一厘《りん》一毫《ごう》は個人に取りてこそ極めて零細の額に過ぎずといえども、在監の総囚、幾百人、これを集むれば則ち非常の多額となる。誤算の影響する所豈に啻だに個人の利害のみならんや。工場に在てはこの他にまた製品、素品、器具、備品等に就いても出入ある毎に一々これを帳簿に記入せざるべからず。単にこれが員数を記入するのみならず、併《あわ》せてまたその理由をも明記するを要す。苟くも出入あらば時を移さずして直ちにこれを記入せよ。帳簿は事実の写真なり。事後瞬間の監督に供するを得べき活動写真ならざるべからざるなり。

犯則の報告なるものあり。或いは口頭を以てし、或いは書類を以てす。これに対しては一定の準則の拠るべきものあるべしといえども、実際に臨んでは則ち緩急に応じて自からまた機宜の活用なかるべからず。或いは窃食或いは交談、或いは口論或いは喧嘩、これら多くの場合は盖し書類を以て報告すべき性質のものに属せん。犯則の報告は重事なり。殊に書類の報告は最も慎重の注意を加うる所なくんばあるべからず。然るに実際、往々目撃する所の事例に就いてこれを言えば、或いはほとんど読んでこれを了解する能わず、朦朧の間、僅かにその意味を推測し得るに過ぎざるが如き、或いは憤激に乗じて犯則の事実に加うるに自己の私見を交えて過大にこれを報告するが如き、その報告の要領を得ざるものの多きは盖し事実なり。然らば如何せば能く報告の要を得べきや。曰く、これを説くこと甚だ難し。説くことの難きは則ち報告の難き所以なりと知るべし。これを要するに、報告はただ有りの儘《まま》の事実に対して簡明なる文字を以てこれを記述し、その間、また一点の私見を交うべからず。或いは「厳罰アランコトヲ望ム」と付記するが如き事、既に判定の一部に属す。報告に判定を交え、少なくも判定を迫るが如き語気を加うることある勿れ。

この報告の難きに比してなお一層難く且つ責任の更らに重大なるものあり。行状視察報告なるもの則ちこれなり。治獄万般の事、ほとんど一としてこれに基《もと》いせざるはなく、遇囚の適否は一に繋って行状視察の精疎如何にありと謂うべし。人の心は時々刻々活動して止まざるが如く、その表現する所の行為もまた千変万化なり。千変万化の行為に封じ、一々これを認識、もしくは記牒せんこともとより為し能わざるの事なりといえども、しかも活眼を以てこれを見れば、極めて微妙の行為も以て心性大変動の機を卜《ぼく》するの資となすを得べし。然るに多くは則ち未だこれに思い到らず、漫然ただ犯則、疾病その他著明《ちょめい》の事故を報告して以て能事了《お》われりと為す。未だ以てその職務に忠実なる者とは言うべからず。彼の写真師が器械を用いて宇宙森羅の景物を写すが如く、看守は則ち自ら器械となって罪囚万化の心況を描かざるべからず。行状視察報告の事、盖し至難。これより大なるものあらざるべし。

看守に要するの資格は啻だに文筆もしくは算数の素養のみにあらざること勿論にして、監獄は規律の府なりと云う点よりこれを見れば、看守は軍人的規律の素養あるを要し、また監獄は授産の場所なりと云う上よりこれを言えば、看守は職工的技芸の素養あるを要す。欧洲諸国の如き、軍人もしくは職工より看守を抜擢するの事例あるは則ちこれが為めなり。その他、心性上必要とする所の資格もまた多方なり。今一々これを枚挙するは本書の能くし得る所にあらず。以下章を分って開陳《かいちん》する所に依り、ほぼその梗概を窺い知ることを得ん。

第四章　遇囚一般の要務を論ず

罪囚堕落の主因は何《いず》くにある。曰く、彼を善導誘掖《ゆうえき》する者あらざりしこと即ちこれなり。これを善導するは則ち監獄の目的にして、これが先鋒の任に当たる者これを看守と云う。如何んせば、能く誘掖の任を全うするを得べきや。曰く、まず己れを修めて、而して後ち、これを人に施すの工夫あるを要す。言語は決して人を教うる所以の道にあらず。須らく躬《み》を以て彼が活きたる摸範たらしめ、彼をしてその目感に由って自覚反省する所あらしめざるべからず。所謂教《フル》レ人者要須《スルク》レ責《ム》二其志一聒《カツ》々騰口《スル》、無益也の語、宜しく口にこれを三誦すべし。

平静の意義及び必要

凡《およ》そ事を処する須らく平静なるを要す。平静の徳は看守の格守すべき必要条件の一に属す。静を釈《と》いて不動となす勿れ。その不動なること巌《いわお》の如く堅く、その無情なること鉄の如く冷かなるを以て、これに所謂平静なるものの意義なりと誤解する勿れ。人、ややもすればすなわち云う「物ニ激スルハ即チ予ノ性情ナリ、性情ノ然ラシムル所、マタ之ヲ如何トモスヘカラス」と。この語、則ち監獄官吏たる者の禁句にして、平静なれとは蓋しこれを戒めんが為めの意たるに外ならず。気、激すれば則ち心躁し、心、躁すれば則ち思慮慎密《しんみつ》なる能わず。いよいよ激するに従ってますます事を過まる。自ら痛くこれを戒むるの人、なお且つ時として激発を免れず、況んや自から抑制を努めざる者に於いてをや。自から抑制を努めざる者にして、しかも執拗頑愚《しつようがんぐ》の囚人に対す。あたかも油を以て火に注ぐものと一般なりと謂うべし。これを鎮圧せんと欲して、たまたまかえってその罪悪を助長せしむるの結果あるに過ぎず。己れを抑制する能わずして、如何んぞ能く人に抑制を教うることを得べけんや。克己忍耐の修養を俟って、これに始めて真個の平静を期すべきなり。能く人を容るる者にして、而して後ち以て人を責むべく、人もまた甘んじてその責めを受けん。

平静をして活力ある平静ならしめよ。平静、その用を誤れば、或いは放任となり或いは固陋《ころう》となる。放任はこれを受くる者、喜んで而してますます惰気《だき》を養い、固陋はこれを受くる者、苦しんで而していよいよ執拗を深からしむ。その共に教養に害あるに至っては則ち一なり。止むを得ざるに動き、機に応じてまた能く相変通す。活力ある平静とは則ちこの謂いなり。

公正の意義及び必要

凡そ人として何人も公正の観念を有せざるはなし。一片の道理をも弁えざる破壊堕落の者に於いてすらも公正の前には意外にその無勢力なるを自覚するの強きものの如し。されば公正もまた看守の服膺《ふくよう》すべき重《お》もなる条件の一に属するものなりと謂わざるを得ず。獄則教令の命ずる所、人に依ってその執行の寛厳《かんげん》を異にするが如きことある勿れ。依估偏頗なきこれを公正の処遇と云う。公正の処遇は殊に多囚雑居の工場または監房を受け持つ場合に於いて最も必要ありと知るべし。蓋し、猜忌心《さいきしん》の深きは在監囚人の特徴にして、一顰一笑《いっぴんいっしょう》の微も人に依って僅かにその趣きを異にすれば、彼の眼には則ちたちまち依估偏頗《えこへんぱ》の処置なりと感ずるの恐れあるを以てなり。囚人を待つ飽くまで至公至正なれ。一点の私心をもその間に挟むが如きことある勿れ。苟くも私心あり、親昵或いはここに生《しょう》じ、厭悪《えんお》もまたこれより起こる。厭悪親狃は百弊の源、依估偏頗ならざらんと欲するも豈に夫れ得べけんや。

公正の処遇とは必ずしも千遍一律総べての囚人を通して同一に処遇するの謂いにあらず。所謂個人的処遇なるもの、なお公正の処遇たるを失わず。否、啻だにこれを失わざるのみならず、個人的処遇を俟って始めて真実なる公正処遇の旨趣《しいしゅ》を貫徹し得べきなり。この辺の消息、須らく看守の考慮一番を要する所にしてもしなお後章開陳する所を参照せば自からまた釈然として心に自得することを得ん。

厳粛の意義及び必要

刑は秋に比すべし。刑を執行すること須らく秋気の厳粛なるが如きを要す。故に厳粛もまた看守の資格に欠くべからざる要素の一たるや論を俟たず。然れども人を責むること厳ならんと欲せば、まず自から責むること最も厳なるべく、苟くも職務の許さざる所、縦令《たと》い人の見るなきも、決して或いはこれを犯すが如きことある勿れ。所謂その独りを慎むの必要は則ちこれに存す。看守は囚人を監察すると同時にまた常に囚人より監察せらる。しかも囚人の眼は極めて鋭敏にして能く隠微を穿《うが》ってたちまちその弱点を看破するに至る。看守にして一たびその弱点を看破せられんか。威信は則ちこれに全く失墜するを免れず。

厳粛は苛酷の謂いにあらず。厳粛を誤解して苛酷となす勿れ。寛大も時と場合の宜しきを得ればかえって厳粛に優るの効果あり。厳粛にしてなお然り、況んや苛酷に於いてをや。厳粛に拘泥《こうでい》するの結果はややもすればまた粗暴に渉《わた》り易し。粗暴に至っては則ち既にこれ一の罪悪あり。少なくも最も賤《いや》しむべき不徳行為の一に属す。或いは粗暴或いは苛酷、啻だにこれを受くる者の苦痛のみならず、またこれを為す者の威信を傷うのみならず、これが反動の結果として、終にまたいよいよ囚人の頑冥醜悪を激成《げきせい》せしむるに至るを免れずと了知すべし。

厳粛の意義、俗解して或いはこれを「記帳面」とも云う。己れの為すべき義務は尽く記帳面にこれを励行し、人に対してもまたその為すべき義務は容赦なく総べてこれに服従せしむ。厳粛の趣旨は則ち既に始めて全きを得べきなり。然れども、また記帳面は必ずしも潔僻の意味にあらず、潔僻《けっぺき》は苛察《かさつ》となり、苛察は則ち人を害する上に於いて放漫と相撰ばず。古人の所謂責ム二人これ過失ヲ一不レ要ゼ二十分テ一宜レ余二二三分一なるもの、盖しこれを激粛の活用と云う。汝の命ずる所、一挙手一投足も敢えて悉くこれを励行するを以て激粛の要を得たるものとなす勿れ。

公明の意義及び必要

威信を保ち敬仰《けいぎょう》を繋ぐ。これ看守たる者の最も努むべきの要務たり。公明正大は人の師表たる者の美徳にして公明の前には求めずして威信到り、正大の後には招かずして敬仰これに従う。公明正大の徳、簡約してこれを開闊《かいかつ》と釈す。看守はその心身を持すること須らく常に開闊なるを要す。その言語を開闊ならしめよ。愉快なること不愉快なること、或いはこれを賞励するの時もしくはこれを訓戒するの場合、渾《す》べてその言語を発するは一にただ開闊なるを要す。善言、ややもすれば耳に逆らう。然れども、これを発する開闊たらば、聴く者則ち怨みなくして能くこれに従わん。囚人もし違令の行為あるを発見せば、明らかにその違令の点を説示すべく、必要の場合に於いては一面、犯則の報告をなすと共に一面また囚人に対してその事由を懇諭《こんゆ》するを妨げず。かくの如くなれば、囚人も深く己れに省みてその罪を悔い、厳罰を受けて啻だに上官を怨まざるのみならず、かえってますます法の威厳の恐るべきを感じ、懲罰の目的は未だこれを行わざるに、既にその半ばを達したると同一の効果あるを見るべきなり。古人曰く、清明在レ躬、気志如レ神、故ニ人之到ル二其前ニ一竦然トシテ起レ敬ヲと、公明の心を以て罪悪に対す。罪悪はたちまち畏縮《いしゅく》せん。畏縮は則ち悛悔《しゅんかい》となる。悛悔の機一たびこれに動く。これを善導感化すること豈に夫れ至難ならんや。

開闊《かいかつ》以て人に接す、人敢えて褻慢《せつまん》せず。また敢えて諂諛《てんゆ》せず、信じて而してこれに親しみ、しかも尽くその情を輸《イダ》す。人を懐柔するは実に開闊に如くものあらざるなり。豈に独り囚人に対するの道のみなりと謂わんや。開闊の前には一点の私心あるを許さず、私心を以てこれに交う。開闊は則ち変じて術数となり陰険となる。慎密の注意を加うる所なくんばあるべからず。

或いは平静と云い、公正と云い、或いは激粛と云い、開闊と云う。これら諸般の徳、須らく慈愛を以て一貫せざるべからず。慈愛は活力の源、血と肉の糧を与うるものは慈愛これなり。慈愛またはこれを同情と云う。同情とは則ち所謂視二人事一如ク二己レノ事ノ一、己れを人の境遇に置き、親しく自らその苦楽に同感するの義なり。或いはこれを惻隠《そくいん》の心とも云う。人の悲境に在るを哀憐するの謂いなり。この心あたかも春風の如し。一たびこれに接すれば、兇漢といえども、たちまち刃を蔵めてその徳に薫化せずんばあらず。

惻隠の心は自然なり。また自然的ならしめずんばあるべからず。惻隠、即ち慈愛の自然的ならざるもの、これを偽善と謂う。偽善はなお老妓《ろうぎ》の粉装《ふんそう》せるものの如し。いよいよ巧みならんと欲してますます醜体現われ、破綻百出するに至るを免れず。私恩を売り、私恵を加え、或いはこれに親《した》し、或いは違例犯行を看過してこれを不問に付す。皆これ偽善の結果にして、これに至っては則ち瀆職《とくしょく》焉《こ》れより大なるはあらざるなり。慈愛も時あってはまた凛烈《りんれつ》、秋の如し。あたかも慈父のその子を訓戒するが如し。これを鞭打つもなお父の愛たるを失わず、否、忍び能わざるを忍んでこれを敢えてす。至情の最も切なるものにして、所謂厳而慈なるもの、これを真の慈愛とは称するなり。

　彼囚人の境遇はあたかも絶海、波浪の中に漂う所の難破船にあるが如し。助けなきの彼は必ず神を呼ぶ。少なくも彼に同情する所の人の手に縋《す》がる。これ比較的、在監囚人に信仰心ある者の多き所以にして、意外に敬《けい》虔《ぐ》柔順なる者の多きもまたこれが為めなり。彼が信仰に対して漫然、ただこれ迷信に過ぎずとなす勿れ。また彼が柔順を認めて冷然、虚偽悪むべしと擯斥《ひんせき》する勿れ。迷信、可なり。虚偽、また不可とせず。同情、以てこれを迎え、慈愛、以てこれを馴養《じゅんよう》せば、一転、終に信仰敬虔たらしむること豈に夫れ難からんや。況んや真の信仰敬虔に於いてをや。まずこれに与《あた》うるに、同情慈愛の糧を以てせよ。必ずしも直ちにこれを誘導感化せんと求むるにあらず。これを以て彼が苦悶を慰め、また彼が飢《き》渇《かつ》を充《み》たしむるを得るに至れば、則ち汝が目的は既にその半ばを達したるものと謂うべきなり。

第五章　看守の上官に対する心得を論ず

上官に対する心得

苟くも職を国家の務めに奉ずる所の者、官事を視ること家事の如く、誠意懇切を専らとし、黽勉努力《びんべんどりょく》、進んで自からますます職責の完実を計る所なくんばあるべからず。その心は清明廉潔《せいめいれんけつ》なるを要し、その行いは端正敏活ならんことを期すべし。殊に看守の如き直接、人の師表たるべき重要の職務に従事する者に在っては、最も深くこの点に注意して躬行実践を努むる所あるを要す。

看守の上官その他に対する心得べき事項の大要は分掌例もしくは服務章程等に規定する所ありといえども、その文字として紙上に現わるる所のものはただこれ形骸の在存《ざいぞん》たるに過ぎず。理解あって始めてこれに精神生じ、精神あるを俟って始めて能く活動即ち妙用その宜しきを得べきなり。看守は須らくまず職務規程の精神を理解する所あるを要す。

典獄に対する心得

監獄を統括してその全体の責任を負う者、これを典獄と称す。典獄は監獄最上の長官なるを以て、部下の官吏は総べて満腔《まんこう》の敬意を表してその命令に服従するの義務を有す。典獄はあたかも頭脳の如く、部下の諸官は則ち四肢五体たり。頭脳、如何に精敏なりといえども、四肢、用を為すなくんば則ち活働は既に休止せざるを得ず。獄務諸般の事、ほとんど一として看守の双肩に懸らざるはなし。典獄は上《かみ》に立って獄務の全体を統括し看守は下《しも》に在って獄務全体の執行に任す。上下の差別こそあれ、全般の獄務に責任を有する点に至っては則ち一なり。監獄諸機関の中、看守の位置は最も重要なる部分の一に属すること既に第一章に於いてこれを開陳せり。されば看守は常に長官たる典獄の心を以てその心とし、心即ち手足、手足即ち、心。不即不離の間、形影相伴うの妙用を全うするの覚悟あるを要す。

看守服務心得の規程に曰く

看守ハ囚人、違令犯則ノ行為アルヲ認メタルトキハ典獄ニ之ヲ申告スヘシ

教令に違い獄則に背くの行為、単に文字の如く解すれば、則ち細大に論なく均しく、これ違令犯則の行為たりといえども、しかも尽《ことごと》くこれを申告

するを以て規程の精神を得たるものなりとは謂うべからず。もし夫れその間、毫《ごう》も取捨を加う所あらずんば、独り自《おのず》から無用の手数にその労を空費するのみならず、囚人に対しては空しくその感情を害し、典獄に対してもまた漫《みだ》りにその煩冗《はんじょう》を加うるの結果あるに過ぎず。然らばなるべくこれを省くべきか。曰く、省くもまた不可なり。何んとなれば取捨必ずしも省略の謂いにあらざればなり。取捨すべからざるものに向かって取捨を加う。取捨すべきものに向かって取捨を加えざるとその弊は則ちこれに加うるあるも劣る所あるを見ず。省くも不可なり、省かざるもまた不可なり。機宜の活用を必要とする所以にして、看守の器械的職務に異なる所以の点もまたこれに存す。宜しく自からその活きたる胆力を以てこの難問を解釈する所あるを要す。

或いは不作法と云い、或いは不行儀と云うが如き、もし文字に拘泥すれば、則ちこれまた違令犯則の行為たるを免れず。しかも、これらのこと多くは無意に出で、事柄もまた極めて軽微なり。例えば、教令の命ずる所に拠れば、囚人、上官に対し発言するの場合に於いては姿勢を正しくし、敬意を表すべしとあるに拘わらず、姿勢を紊《みだ》し敬意を現わさずして発言するが如きことありとせんか。その事は則ち不作法なりといえども、かくの如きは臨機、注意もしくは訓諭に止めてこれを戒飭し、一々これを典獄に申告するの必要あるを見ず。要するに違令犯則の行為といえども、その認めて以て単に所謂不行儀、もしくは不作法と云うに過ぎずとなすものの如きは、看守の注意、もしくは訓戒に止め、一々これを申告するに及ばざるものと解して太過なかるべしと信ず。

試みに思え。在監囚員千有余、少なきも則ち五六百の多数を下らず。その身上緒般の事、これに向かって典獄は一々処理の任を全うするの義務を有す。如何に典獄の用務の多忙なるや。一人に対する犯則の申告も典獄に於いて適当にこれを処理する所あらんが為めには、その間幾多、繁雑なる手数を費さざるべからず。手数を費やすはもとより、典獄の辞せざる所なるべしといえども、看守としてはまた退いてその煩労を察する所なくんばあるべからず。もし夫れ心なき無用の申告に由って徒らに煩労に煩労を加うるが如きことありとせんか。上官に忠実なる者の実に堪うべからざる所なりと謂うべし。

無意もしくは不注意の行為と認むるものといえども、事と場合に依りては小事として決してこれを寛仮《かんか》すべからず。試みに一例を挙げてこれを示さん。囚人、甲某あり。在監既に久しく能く教令を諳《そら》んじ、また獄則に通暁す。人と為り暴慢《ぼうまん》執拗《しつよう》にして、ややもすれば上官に反抗し、常にまた獄則教令を軽蔑す。一日、工場に在り。受持看守の許可を俟たず、恣《ほしいまま》に坐席を離れて厠圊に行く。新入囚、乙某あり。未だ獄則教令を熟知するに及ばず、同じく工場に在って甲某と相隣し、甲の坐席を離るるを見て卒然、己れもまたその跡を踵《つ》ぐの事実ありと仮定せよ。受持看守たる者、この場合に処して如何せば可なるべきや。二者共に不作法または不行儀に過ぎざる行為とし、注意もしくは訓戒に止めてこれが申告を略すべきか。もしくはまた甲乙の間に取捨を異にし、甲者の行為は故意の犯則と認めてこれが所罰を請求し、乙者の行為は無意または不注意に出ずるものなるの故を以て一時ただこれを戒飭し置くに止むべきか。曰く、両《ふた》つながら共に適当の措置とは言うべからず。許可を得ずして恣に工場を去るの行為は事体、小なるが如くにして、その実決して寛仮し得べき性質のものにあらず。宜しく共にこれが申告の手続をなす所あるべく、既に申告の必要ある以上は甲乙両者を併ばせてこれを申告するを要す。蓋し看守として遇囚の公平を保つの必要あるを以てなり。これを罰すると否とは典獄の権にあり。看守はただ申告を為すの場合に於いて、乙某の新入者たることを附記し置けば則ち足れり。その間、毫も自己の意見を交うることを許さず。

林檎の墜つるを見て引力を発明したるニュートンあり、鉄瓶の煮沸するを見て終に汽力の応用を研究し得たるワットあり。宇宙森羅《しんら》の諸現象、縦令い塵芥の微といえども、なお採って以て万有学研究の資となすを得べし。人は小なる天地なり。川海あり山嶽あり、日月星辰より禽獣草木に至るまで宇宙の現象は則ち悉くこれに具備す。人心変化の理法を詳明するにあらずんば、如何《いかん》ぞ能くこれに適切なる感化教養の道を施し得べけんや。これを以て感化教養の事に熱心なる所の典獄は囚人に関する日々の行動、細大尽く採って、これを人心研究の資に供せんことを求むるの情や切なるべし。看守は則ち日々常に囚人に直接して、その千変万化の行動を視察するの任にある者なり。典獄の求むる所、蓋し最も看守の力に待つあるや大なるべし。看守は宜しく常に如何せば能く典獄の要求を充たし得べきかと考慮せよ。小事といえども決して軽々にこれを看過すべからず。

頑冥にして改悛の見込なきが如き所の者も、日々変化ある常住坐臥の行動に就いて観察するときは、自からまた微妙の間に良心発動の機を発見することを得べし。この機、乗じて以て感化を加うるの立脚地たらしむべく、またその適当の方法を研究するの好資料たらしむべし。反抗、これ事とする兇漢も、或いは時として家蓄の類に対して惻隠の至情を発露することあり。動物を憐れむの至情は、移して以て父母妻子を愛慕するの至情たらしむべく、父母妻子を愛慕するの至情は一転、以て謹慎悔悟、能く上官を敬い能く教令を遵奉《じゅんぽう》するに至るの誘因たらしむるを得べきなり。機を察するは則ち看守の明に存す。実戦を講ずる者、必ずまず重きを斥候の情報に置く。蓋し情報は勝敗の因って別かるる所の基たればなり。看守の典獄その他の上官に対するの任務はあたかも戦地に於ける斥候の如きものなりと謂うを得べし。治獄上、如何にその情報の重大なる関係を有するものなるかを考慮せよ。

偽善を装うに巧みなるは在監囚人の特徴なり。表面、謹慎悔悟の状あるが如き所の者にして、その実、かえって普通の囚人に優る譎詐《きつさ》頑冥《がんめい》の悪漢も少なからず。看守は宜しく暗明表裏の行動に就いて審《つまび》らかにその実相を看破するの明なくんばあるべからず。少なくもその実相を穿ってこれを典獄に情報する所あるを要す。能く規律を守り、能く上官を敬い、能く作業に精励し、また能く教誨を聴聞する所の者、未だ以て謹慎悔悟の者となすに足らず。もしその行動の上に於いて、或いは父母妻子に対する感情の冷淡なるが如きことあるを認識せば、この一事、以て他の行動の所因を明らかにするの資料となすを得べし。然れども、また漫《そぞろ》に一事を以て他を類推するが如きことある勿れ。犯則の行為あるも、必ずしも以て信仰心もしくは近親愛慕の至情を否認するの材料とはなすべからず。その視察は極めて精密なれ、また公平なるを要す。看守はまた深く戒めて、所謂先入の心に支配せらるるの弊を避けよ。その眼は日々に新たにして、また日々に明らかなるべく、その心は日々に温かにして、また日々に平らかなるを要す。

日々視察する所の行状は視察するに従って直ちにこれを日誌に記入せべし。日誌をして罪囚万化の心況を撮影する所の写真鏡たらしめずんばあるべからず。（第三章参観）

教誨師に対する心得

監獄に在りて専ら心性教養の責任を有する者、これを教誨師と称す。教養の秘訣は劈頭《へきとう》、まず個人を知り、而して後ち、これに適当の手段を施すあるを要す。罪悪はなお疾病の如く、教誨師は則ちこれを医師に比すべし。均しく疾病なりといえども、症状は則ち人々に同じからず。薬剤もまた人々に相異らざるを得ず。教養感化の道、豈に独り千遍一律なるを得べけんや。故に教誨師たる者は自から進んで各囚、個人的関係の調査に努むる所あるべきこと勿論なりといえども、しかもこれを詳悉するは、日々囚人に直按する所の受持看守に如《し》くものあらざるべきを以て、時々看守に就いてその実況を質問するの必要あるはまた論を俟たず。然るにこの場合に当たり、冷然、ただ「謹慎」「不謹慎」または「異状ヲ認メス」と云うが如き簡単なる答弁に止まらしめば、教誨師はこれに依って毫も質問の要領を得る所あらざるべく、さりとて、また喋々冗舌を弄して無用の長談を試みるが如きありとせんか。啻だに規律を害し時間を浪費するの恐れあるのみならず、聴く者また些《すこ》しも資する所なくして、かえって迷惑の感あるを免れざるべきなり。看守は宜しく平生にあって教誨師が聞かんと求むべき事項の那辺《なへん》にあるかを研究し、多言を労せずして問下、直ちに肯綮《こうけい》を得るの答弁を与うるの注意あるを要す。今一々これを列挙せんこともとより至難なりといえども、試みにその二三の要点を言えば、まず第一には固有の性僻及び嗜好の有無これなり。殊に嗜好の点に就いては、最も慎密の注意あるを要す。賤しむべきの嗜好も、必ずしもこれを擯斥すべきにあらず。能くこれを利用すれば、以て性僻を矯《た》め、悛改に進むの楷たらしむるを得べし。その他また或る事故に接し、もしくは或る場合に処して発する所の感情如何を精察せよ。その或る事故、もしくは或る場合と称するは、例えば訓戒、懲罰、奨励、賞誉、病苦、書信、接見、読書等を指してこれを云う。賞罰は独り自己の受くる時のみならず、他人のこれを受くる場合にもまたこれに対して如何なる感情を有するかを視察すべし。殊に他人の病苦、死亡その他の不幸に遭遇せるを見聞したる時の感情如何を知ること最も必要なりと知るべし。その他、また或いは免役日、或いは休役間、或いは喫飯の時或いは就寝の時、或いは曙光輝き、もしくは夕陽まさに没せんとするの瞬間、殊に教誨聴聞後の場合の如き、最もその感情発動の実況を視察し置く必要の機会と云うべし。能く時と場合に応じて視察し得たる所の実況は、一言なお以て千金の重きをなすに足るべきなり。

教誨は人に存して言に存せず。立言の巧妙なる、未だ以て教誨の効を期するに足らず。教誨をして効果あらしめんとならば、まず囚人をして教誨師、その人を尊重し、敬して而してこれを聴き、信じて而してこれに従うに至らしめずんばあるべからず。所謂「師厳而《ニシテ》道尊《シ》」なるもの、即ちこれなり。囚人を教うるは躬行にあり。看守は須らくまず躬を以て囚人の模範となり、自から進んで教誨師を敬仰する所あるを要す。且つ夫れ法を説き道を伝うる所の者、王公の貴きを以てするもなお師伝の礼を以てこれを遇す。況んや教誨師もまた汝の上官たるに於いてをや。宜しく満腔の謙譲を捧げて彼を敬仰するの心得あるを要す。

監獄医に対する心得

治獄上、衛生及び療養事項の最緊要務の一に属すべきは勿論にして、その管掌《かんしょう》の局に当たる者、これを監獄医とは称するなり。監獄医もまた看守の上官なるが故に、衛生及び療養に関する事項に就き、直ちにその指揮命令に服従するの義務あるは勿論、上官に対するの礼敬は監獄医に対してもまた渾べてこれを尽くすの心得なくんばあるべからず。蓋し治獄の事これを分析してその極に至るときは、要するに規律、教養及び衛生の三原素に過ぎずと謂うを得べし。典獄は重もに規律に任じ、教誨師は主として教養に当たり、監獄医は則ち専ら衛生の事を司る。この三者を指してこれを監獄の三尊と称す。宜しく常にこの心を以て彼に対するの注意あるを要す。

病者に三種あり。病囚、当病囚、及び準病囚、則ちこれなり、病監に在って療養する者これを病囚と称し、一時、休役の上、監房に於いて服薬し、もしくは服薬しつつ監房または工場に於いて就役する者、これを当病囚と称し、廃薬後なお未だ回復期間の内に経過しつつある所の者、その他虚弱、老衰、妊身《にんしん》、廃疾《はいしつ》等に属する者、これを準病囚と称す。その種類の異なると共に、処遇の方法もまた殊別《しゅべつ》ならざるを得ざるは勿論にして、方法は則ち医師の指命する所に基き、堅くこれを遵奉して懇切にこれを執行するの注意あるを要す。医命を格守するは独り病監担当の場合に於いてのみその必要ありと謂う勿れ。疾病の初期または回復期に在る者、もしくは虚弱、老衰、妊身等の者に就いては、殊に最もその平生の摂生経過に注意するの必要あるが故に、所謂当病囚または準病囚に対するの場合にあっても宜しく、また一面、助手たり看護者たる心得を以て医命の下に慎重にその職務を執行する所なかるべからず。治療の半ばは看護の力にありと云う。看守は須らく医師の半身たる働きをなすの覚悟あるを要す。ややもすれば虚病を構う。しかも巧譎《こうきつ》、到らざる所なし。これまた囚人固有の悪弊にして、最も慎密の注意を加うべき要点の一に属す。然れども、またこれを看破するは難事にして、老練なる監獄医すらもなお常にこれが鑑識に苦しまずんばあらず。もし夫れこれが鑑識を誤り、虚病者に対して病者と同一の処遇をなすに至るが如きことありとせば、啻だに行刑の面目を傷つくるの恐れあるのみならず、官吏の威信もまたこれが為めにたちまち失墜するに至るの危険あるを免れず。或いはまたこれに反し、真に疾患ある者に対して虚病者と同一の処置を施すが如きことありとせば、その結果は則ち独り空しく治療の機会を失うの恐れあるのみならず、囚人に取りてはますますその苦痛と不利益とを増加するに至るの不幸あらしむるを免れず。その関係する所、最も重且つ大なるものありと謂うべきなり。而してそのこれを鑑識するはもとより、監獄医当然の任務たること勿論なりといえども、しかも看守は日々囚人に直接して親しくその性質行状及び動静を精察しつつある者なるが故に、少なくも医師に対してその鑑識に資する所の材料を供給するの義務を有す。但し、材料の極めて公平無私の調査に出でたるものなるを要するは勿論なり。鑑識の適否はほとんど一に材料の如何に関すとも謂うを得べし。看守は宜しく深くこの場合に於ける責任の重きを顧みる所あるべきなり。

必ずしも診察を請う者の多きを厭《いと》う勿れ。然れども、また徒らに小故《しょうこ》に託して軽々しく診察を請うが如き者あらしむること勿れ。看守は宜しくその間に処して機宜の取捨あるを要す。但し取捨、その宜しきを誤るの結果は、或いはこれが為めにかえって疾患を粉装し、もしくは過大にするの悪習を馴致《じゅんち》せしむるに至るの恐れあるが故に、殊に最も慎密の注意を加うる所なくんばあるべからず。

疾病を虚構もしくは粉装する者あるの傍らには、或いはこれと全く反対に疾病を隠匿もしくは藐視《びょうし》するものまたその例に乏しからず。未だ自から訴えざるに進んでこれを発見し、発足するに従ってこれを医師に申告することまた看守の任務なりと知るべし。

精神病を初期に鑑別するの難きはこれを普通疾病の虚実を判明するものに比して、更に数倍の難きものありと云う。認めて躁暴、制し難しとなす所の者、何んぞ知らん既に精神病の初期に在る者なるを。これらの事、もとより専門家以外の者の関知し能わざる所なるを以て、看守はその常識の認むる所に拠り、苟くも精神病疑似の行動ありと視察せば、その実況を具して直ちにこれを監獄医に申告すべし。これが処遇に関することに至っては一に監獄医の指命を遵奉する所あるを要す。

これを病あるに救うは未だ病なきにこれを予防するに如かず。良医の当さに全力を注ぐべき所にして所謂、監獄衛生なるものの励行を要するもこれが為めなり。治獄の事大は構造、拘禁の方法より、或いは給与或いは賞罰、或いは規律、或いは作業、或いは炊烹《すいほう》の緩急、もしくは戸窓の開閉より、小は則ち滌垢箕掃の事に至るまで、ほとんど一として衛生に関係を有せざるはなく、しかも互いに相脈絡貫通す。監獄医如何に精練敏達の能ありといえども、此《か》くの如く範囲の広く且つ複雑せる事項に対し、如何んぞまたその注意周到にして遺憾なきを期待し得べけんや。これをして遺憾なからしめんと欲せんには、まず監獄医の分身たる多数看守の力に頼る所なくんばあるべからず。看守は宜しく遇囚細大の事項、悉く衛生と密接の関係を有するものなるを考え、常に監獄医の心を以てその心と為し、小事も決してこれを軽視するが如きことなきの注意あるを要す。

衛生の目的物は個人これなり。活きたる個人に対して衛生の旨趣を貫徹せしめんには、まず個人をして深く衛生の重んずべきを自覚するに至らしむること必要なり。教訓あって始めて自覚これに生ず。これを教訓するは則ち看守の任務なるが故に、独り自から進んで衛生思想を養成するの必要あるのみならず、厳にこれを躬行して以て模範を囚人に示すの覚悟なくんばあるべからず。内外表裏に徹底し、しかも臨機応変の活用あるを俟って始めて衛生の要領を全うし得べきなり。

監獄書記に対する心得

監獄の庶務、会計、作業、用度等に関する事務に就き、或いは課長となってこれを管掌《かんしょう》し、或いは主任となりてこれと処理するは即ち監獄書記の任務なり。書記もまた看守の上官の一部なるが故に、その主管に属する事項に就いては一々これが指揮命令に服従するの義務を有するは論を俟たず。事務の源は囚人にあり。遇囚あって始めてこれに事務の必要あるを見る。遇囚は主にして、事務はその枝葉たり結果たりと謂うべし。故に看守の書記に対する、決してただ簿書計算の事のみに従事する普通一般の事務官としてこれを見るべからず。

庶務主任の書記に対する心得

入監より出監、もしくは出監後に至るまでの総べての事項、囚人身上の関係より生ずる千百、啻《ただ》ならざる所の出来事は多くは則ち庶務主管の範囲に入り、悉く書類に収めて敏活適実にこれが処理の任務を全うせざるべからず。その労や実に想像するに余りありと謂うべく、しかも苟くも適実を誤るものあれば、則ちこれが責任を一身に負担せざるを得ず。而してその間々適実を誤るもの、殊に直接遇囚の事項に就いては多くは看守の報告に基因《きいん》するものの如し。看守の報告に誤られたるにも拘わらず、これに対してなお疎虞《そぐ》不注意の責めに任せざるべからざる以所のものは、蓋し書記は直接遇囚の事に関与すべき義務あるを以てなり。然れども、彼が部下たる看守の位置よりこれを見れば、己れの為めに上官を誤り、しかもこの過誤に対して上官をして責めを引かしむるに至っては、自己の責任を重んずる看守たる者の忍び能わざる所なりと謂うべし。況んや彼の過誤は部下を信ずるの厚きに出でその責めを自己の一身に引くは、則ち部下を愛するの深きが為めなるに於いてをや。上官をしてその任務を全うせしむるは、実に部下の力にしてまた部下の責任たり。宜しく常にこの心を以て書記に仕うるの注意あるを要す。

試みに囚人に付き年額凡そ七十五円の費用を要するものなりとすれば、全国在監の囚人、平均常に七万五千有余、これを養うが為めには国家は年々概算五百六十余万円の巨額を支出せざるを得ず。以て能く幾艘の軍艦を製造するに足るべく、また能く幾万の兵勇を養成するに足るべし。もし夫れこれを教育事業に放資せんか。山隈海曲、全国到る所に憐れむべき不就学の児女あるを見ざるに至らしむるを得べきなり。犯罪の国家に禍いすること豈にまた大ならずや。且つ夫れ国拏は租税に成り、租税は良民辛苦の膏血《こうけつ》なるが故に、良民に取りてはあたかも犯罪の為めに踏まれ且つ蹴らるるの感あるべく、その個人を害するの大なる、また実に察するに余りありと謂うべし。抑も国に監獄ある所以のものは、ただ犯罪者あるが為めにあらず、監獄官吏ある所以のもの、またに単に監獄あるが為めにあらずして、その目的とする所は則ち犯罪の防遏もしくは減少にあるが故に、苟くも職を監獄に奉する所の者は、縦令い直接にこの目的を達する能わざる迄

会計用度主任の書記に対する心得

も、少なくもなるべく監獄経常の費用を節制して漸次、国家及び良民の負担を軽減せしむることに努力せずんばあるべからず。而して直接これが責任の衝に当たる所の者、称してこれを会計または用度主任の書記と云う。書記は則ちこの責任を全うするが為めには、一面、緊粛なる経費予算の範囲に於いて、しかも峻厳複雑なる会計法規の支配の下に厘毛の微、芥屑の小も一々悉く適切にこれが収支を明瞭ならしめざるべからざるのみならず、一面また細大総べての事に干渉し、所謂活きたる監督を励行して、縦令い一紙半銭の小事も努めてこれを節約するの方法を講ぜずんばあるべからず。その労もまた至大ならずや。職務に忠実なる者にあらざるよりは如何んぞこの煩労に堪うべけんや。然るに人、ややもすれば事の己れに便ならざるが為めに往々会計もしくは用度の主任に快からず。或いはこれを怨み、或いはこれを譏《そし》り、甚しきは則ちその目を略《かす》め、非曲《ひきょく》を遂げて得色あるが如き者なきにあらず。不忠実もまた甚しと謂うべく、俗に所謂「奉公人根性」なるもの則ちこれなり。士君子の口にするだも恥ずべき所にして殊に監獄官吏の如きは最も厚く慎密の警戒を加うる所なくんばあるべからず。何んとなれば監獄経費なる所のもの、或いは食物、或いは被服、或いは備品、或いは器具、大部分は則ち囚人拘禁に関する費用にして、これを節約するはまずこれを囚人に対して励行し、囚人をして自ら進んで節約する所あらしめんが為めには監獄官吏殊に直接管理者たる看守に在っては率先これが躬行の摸範を示すの必要あるを以てなり。官事を見ることなお家事を視るが如くなれ。既に家事に於いて節制の必要なるを知る、何んぞ及ぼしてこれを官事に適用せざるの理あらんや。監獄全体を以て一家と見る能わざるまでも、責めては汝の受持区を以て汝が司宰する汝の一家族としてこれを見よ。汝の子弟たる幾多の囚人が日々衣食教育その他一家の経営に要する諸般の費用を計算し、而してその費用は悉くこれ汝が粒々辛苦の働きに出でたるものと仮定せば、また何んぞ他人の忠告を俟って始めて節制の必要なるを知らんや況んや好意且つ有益の忠告に対してこれを怨嫉《おんしつ》し、もしくは排斥するが如きことに於いてをや。監獄経費五百幾万と称する所のものも詮《せん》すれば則ち悉くこれ零砕《れいさい》、言うに足らざる端数の集合たるに過ぎず。一人の囚人に対して僅々《きんきん》一日一銭の節約を加うると加えざるの結果は一年、全国を通ずれば則ち総計二十七万余円を増減すのる割合となる。この金額あれば則ち以て完全なる一監獄を新築するを得べく、或いは移して以て優に官吏俸給の増資に充つるを得べきなり。既に集合したる幾百もしくは幾千円の額は或いは忠実老練なる主任書記の力に依ってこれを節約し得べしとするも、零砕の端数より集合すべき幾万もしくは幾十万の巨額に至っては忠実老練なる多数看守の力に頼るにあらずんば、到底能くこれを節約し能うべからず。看守の監獄経済に対する勢力もまた偉大なるにあらずや。その勢力の偉大なること実に此くの如し。従ってその責任もまた重大ならざるを得ず。如何んせば能くこの責任を全うするを得べき。曰く独り主任書記の指揮命令を遵奉してこれに違背《いはい》せざるのみならず、なお自から進んでこれが助成を努め、斤紙廃墨の微もこれを苟くもせずして節約を専らならしむるにあり。況んや勤倹節制の美徳は囚人を教訓する最も緊要の一条件たるに於いてをや。節約を努むるは唯だ監獄経済の必要に出でたるもののみと誤解するなきを要す。

作業主任の書記に対する心得

犯罪の原因、多くは則ち怠慢に帰す。怠慢なるが故に職業なく、職業なきが故に窮迫《きゅうはく》し、窮迫するが故に終に犯罪の止むべからざるに至るは自然の理なり。これを以て人を犯罪より遠ざからしめんとならば、まずこれに労働自営の習慣及び方法を教えざるべからず。監獄に作業の設けあってこれを囚人に課する所以の趣旨もまた実にこれに外ならざるなり。監獄作業の事に就いて直接の責任を有する者、これを作業主任の書記と謂う。作業は一面、囚人感化の要件たると共に、一面また監獄経済と至大の関係を有するものなるが故に、これを適実に執行してその責任を全からしめんことは到底、一二、小数の力を以て能くし得べきにあらざるなり。作業書記の殊に看守の力に待つあるの大なるは則ちこれが為めなり。

看守は囚人に対してただ作業に精励せしむるのみを以て足れりとはす

べからず。併せて器具素品の使用を慎み、進んではまた着々技能の進歩を督励する所なかるべからず。これを督励し、これを戒飭するの結果は啻だに囚人善後の恵幸たるのみならず、兼ねてまた監獄経済の大利益たるを会得すべし。素品もしくは器具を濫費暴用するは囚人固有の悪僻にして、これを矯正すること甚だ困難なるべしといえども、しかも直接には監獄経済の利害に関係し、間接にはまた囚人善後の自営に至大の影響あるものなるが故に、この点に就いては最も慎密の戒飭を加うる所なくんばあるべからず。

作業に関する総べての指揮命令は誠実にこれを遵奉せざるべからざること勿論なりといえども、宜しくまたその旨趣精神のある所を領得して能くこれが活用の妙を得るの注意なかるべからず。作業に関する規定の報告の如きに至ってもまた然り。報告をして決して形式に流れしむるが如きことある勿れ。例えば科程了否の報告の如き。その不了の原因の那辺にあるかを精究し、更に進んではこれが救済の方法をも考査《こうさ》具陳《ぐちん》する所あるを要す。

或いは会計の如き、或いは用度の如き、これらのものは則ち、所謂、消極的守成《しゅせい》の任務に属し、労多くして効少なきものなりといえども、作業即ち積極的進取の任務に至っては、これに異なり、労多き割合に効の見はるるもまた顕著なり。作業施行の方法にして果たしてその宜しきを得る所あらんか。その結果は則ち囚人を利し、併せてまた監獄を益す。監獄を益するは則ち国庫の収入を増加する所以にして、百万を得れば則ち国庫実際の支出をして四百万円たらしむるを得べく、二百万を得れば三百万となり、三百万を得れば則ち更らに実際の支出を減じて二百万円に止まらしむるを得べし。これを欧米諸国の例に徴するに、作業収入額の監獄支出総額に対する半ば以上に及ぶもの少なからず、多きは則ちその三分二以上に達するものあるを見る。試みに我が国、今日の実況に就いてこれを言えば、支出総額五百余万円に対し作業収入額百余万円、即ち支出に対する収入の割合は僅かに五分一弱に過ぎず、その比例は則ち欧米諸国に対して遙かに遜色《そんしょく》ありと謂うべし。監獄はもとより製造所にあらず、また営利を目的とするの場所にあらず。囚人に作業を課するの旨趣もまた徒らに監獄の経済を計るが為めにあらざること、上来既にこれを陳述する所の如し。然れども彼欧米諸国の監獄に於いて適正に作業を施行するの結果、なお支出総額に対する三分一もしくは二分一以上の収入ありとならば独り我が国に於いて僅々五分一に止まるの理あらざるなり。況んや囚人の技能を以て彼我、相比較するときは寧ろ我の遥かに彼に優るものありと云うに於いてをや。我が作業の前途、なお大に収入を増加するの余地あるべきを信じて疑わず。収入の彼に多くして我に少なき所以のもの、その重《お》もなる原因は蓋し看守の作業に対する注意の精粗如何にありと謂うべし。在監囚人七万余、大部分は則ち屈強、能く労働に堪うるの壮丁なり。しかも厳重なる服従義務の下に労働せしむ。督励、苟くもその宜しきを得ば、一囚一日に就き僅々五六厘の増収を計らしむること豈に夫れ至難ならんや。一囚、一日五厘の増収も一年、七万余人の総額としてはたちまち百弐拾余万の巨額となる。二百もしくは三百万の増加を見ると見ざるとは一に作業主任者、否、看守その人の技量如何に存す。その任務は至難なりといえども、前途、また希望ある快絶事業なるにあらずや。監獄の前途、なお改良を要すべきもの屈指に遑《いとま》あらず、而して改良には必ず費用伴う。財源は他に求めて復たこれを得べからず、止むなくんば則ちこれを監獄自営の財源に求むる外あるべからず。千円を得ば、則ち千円の改良を計るを得べく、十万を得れば則ち十万の改良を実行するを得べし。看守の力に依って将来事に百万の増収を見ることを得べしとせば、十数年の後には則ち我が全国大小の監獄を改築して独り宇内に冠絶《かんぜつ》して理想的完全なる斯業の摸範を我が国に見るを得ん。看守は須らく熱誠以て作業の任務を尽くすの覚悟なかるべからず。この覚悟ある者、必ずまずその主務の上官に忠実なるを信ず。

看守長に対する心得

主として監獄戒護の任務に当たる者、これを看守長と称す。看守長は則ち典獄直接の分身にしてまた看守直接の上官たり。蓋し戒護の要は諸事、渾べて正確且つ機敏にして規律号令の下、悉く一律同軌の活動をなすにあり。看守は即ち看守長の手足となり伝令使となってその命令を執行するの義務ある者なるが故に、独り誠実なる服従義務を以てこれに隷属するのみならず、常にまた看守長の意向を了察し、未だこれを号令せざるに先って早く既にこれが準備をなし、発して号令となるに当たっては、あたかも響の声に応じ、影の形に映ずるが如く、その挙止動作の最も敏活且つ適正なるを要す。

看守は囚人に対し、総べての上官殊に看守長の威信は最も正確にこれを保全するの義務を有す。蓋し威信の消長は戒護規律の張弛に関すること最も重且つ大なるものあるを以てなり。故に看守は如何なる場合に論なく苟くも囚人の面前にあって官吏の人物を品隲《ひんしつ》し、もしくは上官の命令に抵抗し、少なくも不快の辞色を以てこれを迎うるが如きことあるべからず。看守の上官に対する形像は、たちまち囚人の看守に対する動静に反映すべきことを銘記せよ。もし夫れ看守長その他典獄以外の上官の命令にして実際これを執行し能わざるの事情あるか、またはこれを執行するときは、職務上もしくは監獄の利益上不都合を醸《かも》すべしと信認せば、宜しく状を具し、穏かにこれを典獄に申告してその指揮を待つべし。

これを要するに上官に仕うるは則ち監獄に仕うるなり。監獄に仕うるは則ち国家に仕うるなり。典獄以下或いは書記、看守長と謂い、或いは教誨師、監獄医と謂い、上官たるべき者の名称は多しといえども、詮する所は則ち唯一の監獄なる主体に過ぎず、上官は則ち監獄の分身にして、またその代表者なりと知るべし。看守の眼中、ただ公人あって私人なし。公人の前には智能年歯《ちのうねんし》の区別あるべからず。飽くまで忠実にして飽くまで従順なれ。しかもこれが為めに敢えて看守の威信を傷つけざるのみならず、ますますその気品を高むることを得べし。これに反し、苟くも私心のその間に交わるものありとせば、或いは盲従となり、或いは阿諛《あゆ》となり、或いは倨傲《きょごう》となり、或いは粗暴となるを免れず。慎密の注意を加うる所あるを要す。

第六章　教養感化の要務を論ず

看守の職務に内外二種の区別なるの理は上来、開陳せし所に就いてほぼこれを領知し得たるべきを信ず。何をか内部に関するの職務と云う。曰く腐敗堕落したる囚人内部の心性を矯正して、これを忠実精励なる国家有用の一員に復帰せしむること、則ちこれなり。彼、囚人の多くの者に就いてこれを見るに、教育なく信念なくまた愛情の何物たるを知らず、頑冥不霊《がんめいふれい》、久しく罪悪の境遇に生長し、不潔、遊惰、虚偽、猜忌《さいき》等のあらゆる不徳に馴養せられ、かつて克己自制の観念あるにあらず、たちまち怨嗟《えんさ》し、たちまち憤激し、またたちまち復讐を敢えてせんと欲する者、ほとんど比々皆これなり。これを矯正感化せんこと、豈に夫れ容易の業ならんや。

矯正感化は一の専門的技術なり。広義に於ける所謂教育学なるものの一部に属するものなりといえども、その実質に至っては則ち大いに趣きを異にするものあって存す。蓋し普通教育の目的物は児童にして児童はなお豊《ほう》腴《しゅう》なる墾成地の如くにして、これに播《は》種《しゅ》しこれを培養すれば、則ち以て収穫あるを期すべしといえども、矯正感化の目的物たる囚人に至ってはこれに異なり、心地既に全く荒《こう》蕪《ぶ》瘠《せき》瘦《そう》に帰したるものなるを以て、これに播種する前に於いて、まずこれを開拓せざるべからず。しかもその開拓たるや所謂悪風悪習を打破する所のものにして、あたかもこれ石田を耕すと一般にして、時としては則ち全く労して効なきの結果あるに終わらざるを得ず。その事業の難易は豈に日を同じうして語るべけんや。看守の職務の至高且つ至難なるは則ちこれが為めなり。

看守は上《かみ》、典獄以下各種上官に対してその忠実賢明なる補助者たらざるべからざると共に、下《しも》、囚人に対しては須らく謹厳慈愛なる上官となり、協議者となり、また熱心懇切なる指導者たり、教育者たらざるべからず。これを誘掖すべく、これを抑圧すべからず、これを奨励すべく、これを侮蔑すべからず。囚人を視ることなお己れの子弟を視るが如くなるを要す。

人の性情の異なるは、なおその面貌の相同じからざるが如し。故にこれが処遇の道もまた千種万様なるを俟って始めて能くその効果あるを期すべきなり。或いは賞誉と云い、或いは懲罰と云い、共に有力なる感化手段たるに至っては則ち一なりといえども、その効果の分かるる所は賞罰その物にあらずして、これを受くべき人物の性情如何に在って存せざるを得ず。

囚人個人的関係を詳悉するの必要あるは則ちこれが為めなり。

快闊なるが如くにして粗暴なるあり。小心なるが如くにして憂鬱なるあり。従順なるが如くにして怯懦《きようだ》なるあり。朴訥《ぼくとつ》なるが如くにして倨傲なるあり。謙遜なるが如くにして狡獪《こうかい》なるあり。一見、以て個人心情の真相を看破すること甚だ難し。虚心坦懐《きよしんたんかい》、極めて慎密の省密を加うる所なくんばあるべからず。尤もこれに特に一言の注意を要すべきものありと云うは他にあらず。人、ややもすればすなわち囚人に対し彼、もと悪漢なりとの観念に先制せられ、虚心、以てこれに向かうも、なお或いは朴訥を倨傲となし、従順を阿諛となし、憂鬱を横着となすの傾きあるを免れざるが故に、苟くも職に看守にある所の者は眼中、決して囚人ありと視る勿れ。彼、もと悪漢なりとの忘想ある勿れ。囚人に対する須らく憐れなる同胞子弟としてこれを愛護する心を以て心とせよ。

囚人拘禁の方法はこれを大別して分房制及び雑居制の二種類となす。その拘禁の方法の異なるに従い、これに対する職務の性質もまた同じからず。我が国、未だ完全の分房制を施行するに至るの監獄あるを見ずといえども、年々ようやく分房拘禁の範囲を拡むるに至るの傾向あるは、偏《ひと》えに監獄事業進歩の兆候としてこれを視せるを得ず。ただ夫れ利器は危険多し。分房制の雑居制に優る万々なるはもとより多弁を俟たして明らかなりといえども、運用如何に依りては利の多きが如くに害もまた頗ぶる大なるものあるが故に一層深く慎密の注意を加うる所なくんばあるべからず。

分房囚に対する看守の心得

分房に在っては規律、清潔、戒護等所謂外部に関する職務に対し、一層厳密にこれを励行する所なかるべからず。蓋し分房に在る所の囚人はややもすれば則ち己れの独居する監房を城郭《じようかく》と心得、人の目に触れざるを奇貨として、却って放縦自棄に流るるの恐れあるを以てなり。且つまたその職務の励行を要するが為めには、看守に対する上官の監督もまた従って一層の周密を加えざるを得ず。監督周密なるの結果は功過の現わるること速やかなると共に、小故もまたたちまち摘発せらるるに至るを免れず。上官、豈に好んでこれを摘発せんや。これを摘発するの必要あるは、則ち分房囚に対する看守の責任の重大なるもののあるが為めにして、その執行に於いて苟くも一歩を誤るときは百害、則ちこれより生ずるの恐れあるを以てなり。看守は宜しく小故のしばしば摘発せらるるに遭うて、ますますその責任の重大なるを省《かえりみ》る。いよいよ慎密にその職務の励行を努むるの覚悟なくんばあるべからず。外部の職務はこれを内部に関する職務に比するときは繁簡難易《はんかんなんい》、もとより同日の論にあらずといえども、まず比較的簡易なる外部の職責を全うするにあらざるよりは、以て繁難複雑なる内部の職責に当たるべからず。以下陳述する所のもの多くは則ち、所謂内部に関する職務の範囲に属す。これを閲読するの前に於いて須らくまず如何んせば能く規律、清潔、戒護等所謂外部に属する職務をば適実に執行し得べきかと考慮一番することを要す。

監房訪問の要務

分房受持の看守として特に心得べき所の要件あり。監房訪問の事、則ちこれなり。訪問とは果たして如何なる意義ぞ。如何んせば能くこの意義を全うするを得べきや。これを理解し、これを活用すること蓋し至難中の至難に属す。監房訪問を以て決して容易の業なりと速了することなきを要す。試みに監房訪問が如何に実際に行われつつあるかを顧みるに、或る者は則ち監房を開き、僅かに半身——寧ろ多くは半面を房内に入るるに止め、囚人に向かい冷然、ただ「どうか」の一言を掛けて彼を訪《みま》い「異状なし」の答えを得て以て、これに所謂訪問なるもの終結し、下鍵の響き未だ絶えざるに跫音《きようおん》、既に沓として何れに在るを知らず、その去ることの速やかなる、あたかも電光の如し。或る者はまた謂えらく、威厳を保つ、須らくその容姿を盛んにし、その声音を励まさざるべからずと。ことさらに歩調を高くして監房に向かい、特に響きを大にして房戸を開き、厳然、肩を聳かし、剣を按して囚人に対す、あたかもこれ敵国に入るが如し。囚人は則ちまずその威容に心胆を奪われ、戦々競々、偏えに叩頭拝謝《こうとうはいしゃ》して電命の下るを俟つの外なし。所謂威厳ある看守は、これに徐ろに号令的口調を以て発言すらく、専心以て作業に精励せよ。曰く、規律清潔を確保せよ。曰く、囚人たる者努めて謹慎悔悟の行為あらざるべからず、と。これを迎うるの囚人はもとより恐懼《きょうく》、措く所を知らず、ただ命、これ奉じ、その実、一刻も早くこの酷吏の監房を去らんことを祈るの切なるや明らかなり。しかも看守は則ちこれを悟らず、これを以て却って訪問の要領を得たるものなりと信ず。或る者はまた、漫に冗舌を弄して注意訓戒を与うることを以て訪問の能事了われりとなし、その眼を円くして欠点小瑕《しょうか》の摘発を努むること、あたかも意地悪き舅姑の嫁に対する挙動と一般なるが如きものあり。斯くの如きは何れも監房訪問の要を得たるものにはあらずして、酷評すれば則ち、ただこれ訪問の真似事たるに過ぎずと謂うも可なり。もし夫れ真似事にして事に害なくんばなおおすべきも、これが為め、たまたま以て囚人をして悪感を抱き、反抗を醸し、もしくは嘲弄《ちようろう》侮慢《ぶまん》を起こさしむるの因たらしむるに至っては深く慎戒を加うる所なくんばあるべからず。監房訪問は分房拘禁法の生命なり。訪問あって始めて分房制の活動あり。その利弊の分かるる所は一に懸って訪問施行法の如何にありと謂うべし。

監房訪問の目的は感化にあり。人生自然の交際を求むる至情に投じ、能くこれを利用して以て啓誘開発の手段を施さんと欲するにあり。故にこれを執行するに方りては、まずこれを受くる所の囚人をして深く衷心より訪問者の誠意厚情に悦服せしむる所なかるべからず。如何んせば能く彼を悦服せしむることを得べきや。曰くこれを施行するの前に当たって須らく各囚、個人的諸般の関係、則ちその氏名、郷貫、罪質、刑名、刑期等は言うと俟たず、性質、行状または家族職業上等の関係に至るまで細大尽くこれと詳悉し、所謂子を知る者は親に如かずと云うが如く、彼、囚人をしてまず己れを知ること肉身の親よりもなお詳密なりとの感あらしめ、一旦、交談を開始するに方っては、一言一句渾べてその関係に刎合《ふんごう》して鑿々肯綮《さくさくこうけい》を得るに至らしむるの注意なくんばあるべからず。

監房訪問の旨趣、果たしてこれにありとせば、これを執行することあたかも慈父が日常その家人と相対話するが如く、飽くまで懇切且つ周到なるを専らとし、決して冷淡もしくは放慢に失するが如きことなきを要す。クローネ氏曰く、監房訪問の際は余り多く直接道徳上に渉る訓誡を加えざるの注意あること肝要あり、と。道徳上の訓誡すらなおなるべくこれを避くるの必要ありと云う、況んや漫に欠点を指摘してこれを非難せんと欲するが如きに於いてをや。然れどもまた千遍一律、徒らに同一の問題、同一の話柄を反覆するが如きも、決して監房訪問の術を得たるものとは謂うべからず。訪問の話頭に上る所の事項は日々に新たにして、日々にまた新たなるを要す。能く個人的平生の関係を詳悉するものにして始めて話料の豊富なるを得べく、話料豊富なれば則ち復た同一事項を繰り返すが如き弊なきを期すべきなり。

監房訪問に堪能なる所の者は、その目付きまたは音調の如き細事に至るまでもなお極めて慎密の注意を加うる所ありと云う。蓋し目付き及び音調の如何は以て直接に心情の冷温を卜するに足るの標章たらしむべきが故なり、況んやその姿勢もしくはその挙動に於いてをや。また況んや彼の最も猜疑心に富む所の囚人に対する場合なるに於いてをや。この辺の消息、語って而して到底これを悉くす能わず、ただ夫れ自得にあり。ただ夫れ自得にある哉。

分房受持の看守は常住坐臥、絶えず囚人の動静を視察する所あるを要す。盖し分房に在っては、ややもすれば則ち殊に放縦自棄に流れ易きの恐れあるを以てなり。然れどもまた視察を以て偵察の意義に誤解する勿れ。視察は偵察に異なる。偵察は教養に益なく、徒らに以て人の感情を害するの結果あるに過ぎず。偵察は秘密を主とす。視察は公明なるを妨げず、もし囚人をして常に厳密なる視察の下にあるを感ずるに至らしめば、視察の目的は則ちこれに既にその半ばを達したるものと謂うべし。視察は監督の義なり。もしくはまた研究の意味にこれを解釈するも可なり。監督の上よりこれを見れば、これに依って以て彼を非違《ひい》に陥らざらしむる手段とすべく、研究の上よりこれを言えば、一挙一動小事も則ちこれを看過せず、悉く資って以てこれを性質行状の真相を詳悉するの材料たらしむべし。

囚人の入監には引致入監と自告入監の二種類あり。裁判宣告の確定に由って拘置監より引致入監せしめらるるものこれを引致入監と云い、刑の執行を受くるが為め、自から監獄に来るものこれを自告入監と称す。従来我国の慣例に依れば、入監と云えばほとんど引致入監に限りしが如くなれども、追々刑事制度の進歩するに従い、自告入監の場合もまた自然に増加するに至るべきは明らかにして、今日に在っても既に往々その傾向を事実に現わしつつある所なり。試みに自告入監に由って自由界より新たに直接監獄に来る所の囚人ありと仮定し、その心中如何の感想を抱きつつあるかと考察せよ。熱閙《ねつとう》の巷、自由放縦の境涯より、たちまち寂寥《せきりよう》孤独の狭室に監禁せらるるの身に変じ、鉄の如き規律、網の如き獄則教令の下に一挙手一投足の自由を制限せられ、未だかつて見ざるの衣服を着し、未だかつて味わざるの食物を食し、また未だかつて手にせざるの業務に服す。遠く妻子と離れ、また知己に分かれ、犬鶏の声すらもまた杳として聞く所なし。四面皆これ楚歌の声ならざるはなく、身外万事また渾べて別天地の景象にあらざるはなし。この境遇に処し、この景物に対する彼が心中は果たして如何んぞや。所謂、情緒乱れて糸の如く苦絶悶絶、これを訴うるの人なく、またこれを慰むるに物なし。「助けなきの彼は必ず神を呼ぶ、少なくも彼に同情する所の人の手に縋かる」(第四章五十五頁の語)。これを求む情の最も切なるの時は則ちこの瞬間にありと謂うべし。渇する者に水を与う。渇者に取りては水の賜や実に無量なり。新入の囚人は則ちこれ望みと救いの渇者なり。これに対する水となるべきものは何物ぞや。曰く、愛情籠り、機宜に処するの巧みなる監房訪問、即ちこれなり。治獄に経験ある名家の言に曰く、訪問の最も必要にして且つ有力なるは、新入の場合に施す所の訪問に及くはなく、しかもこれに一着を過《あや》まらば百事終に去るに至るを免れずと。知言と謂うべし。新入囚に対するの訪問、受持看守たる者の須らく全力を注ぐべき所なりと知るべし。悒鬱《ゆううつ》に沈み、寂寥に苦しむ彼新入の囚人をば親しくその監房に訪い、温顔《おんがん》以て懇ろにこれを慰藉する所あらば、彼必ず空谷に跫音を聴く歓びを以て汝を迎え、ほとんど肺肝《はいかん》を開き尽くして汝に聴き、且つ汝に訴うる所あらん。この瞬間に於ける彼はあたかもこれ聖き神使と一般にして、一点の邪念なくまた虚飾なし。所謂、鬼の眼に涕《なみだ》あるを見るは則ちこの瞬間に在りと謂うべし。この場合に於いて彼が汝に語り汝に訴うる所のもの、縦令い数百言の多きに及び、その間に於いては往々、或いは老婆の繰言にも等しき無用冗長に渉るの事項もあるべしといえども、なるべく忍び難きを忍び、しかも満腔の同情を表して以てこれを聴取すべし。この場合に於ける一片の同情はその価、金銀珠玉も啻ならず、金玉を以て代うべからざる貴重の宝物は一片同情の報償として、直ちにこれを汝の所有に収むるを得べきなり。所謂貴重の宝物なる所のもの、倚信《いしん》換言すれば彼の人心を収攬《しゅうらん》すること則ちこれなり。一旦苟くも彼の倚信を我に繋ぐを得ば、彼は既に我が掌中の物に同じく、処遇の前途、事々総べて刀を迎えて物の裂くるが如くなるを得ん。此くの如くまず同情を以て彼の言を迎え、而して後ち、徐ろに、或いは彼が既往《きおう》の不心得を諭し、或いは前途の希望を説き、もしくはまた在監中心得べき事頃の要領を口述すべし。時に或いは苦言を交うるもまた止むを得ざるなり。ただ漫にその感情を害するに至らしむるが如きことなき注意あるを要す。古語に曰く「慎ム二其始ヲ一」と。遇囚第一の秘訣もまたこれにありと謂うべし。

多数分房囚の中にあっては、或いは懲戒上の必要より分房に拘禁する所の者もこれをあらん。懲罰執行中の如き者即ちこれなり。この種の者多くは皆、長く既に監獄に生活し、獄則教令の如きもまた能くこれを会得し居るべき筈なるを以て、看守は復たこれに対してほとんど訓戒もしくは注意を加うる等の必要あるを見ず。ただ夫れ彼が被罰者なるの故を以てこれに対して漫に、或いは軽侮を加うるが如きことある勿れ。蓋し、さらぬだに懲罰を受けて激昂せられたる彼の悪感は殊に受持看守に対してますます激昂の度を高むるに至るの恐れあるを以てなり。故に彼に接する、須らくまずその挙動を厳粛にし、命令の如きは総べて極めて簡明なるを要す。規律は一層、峻厳にこれを励行し、且つ彼をして専ら沈思熟考に依って深く己れに反省するの工夫あるに至らしめずんばあるべからず。決して彼と交談を試みるが如きことある勿れ。縦令い彼が真心悔悟するが如き状を装い、巧言以て頻りに交談を求め来ることありとするも、決して漫りにこれと談話を交うるが如きことある勿れ。蓋し寂寥の苦痛を感ぜしむるもまた懲罰の要素にして、交談の恩恵たるを感ぜしむるは則ちその活用の有力たる所以なるを以てなり。然れども、またこれが為めに過って冷酷に渉るが如き挙動ある勿れ。飽くまで熱血ある同情を彼の悲境に輸し、不言不語の間、自然にますます彼をして我が厚情に感激するに至らしむるの注意あるを要す。

分房受持の看守はしばしばまた身分あり、もしくは高等の教育ある者のその部内に拘禁せらるることある場合に遭遇すべし。彼を分房に拘禁する所以の旨趣は如何。曰く、彼をして行刑規律の範囲に於いて、なるべくその名誉と体面を保ち、刑罰の為め、漫りに余分の苦痛を感ずるが如きことなからしめんことを期すればなり。分房は則ち彼に取りては一の恩恵にして、もしくはまたその人格に適応せしむる必要的処遇の一手段なりと謂うを得べし。看守は宜しくこの旨趣を体して彼に対するの注意あるを要す。事理を弁えざるの看守、ややもすれば則ち謂えらく、彼、既に犯罪の行為あって囹圄《れいぎょ》に拘禁せらるるの身となりし所の者、身分の高下教育の有無の如きはまた何んぞ監獄に於いてこれを顧みるの必要かこれあるべき。一視《いっし》同厳《どうげん》、縦令い身分ある者といえども一令の下に畏圧すべく、或いは高等の教育ありと称する者といえども一叱の下、直ちにこれを屈服せしむるに於いて何かあらん。先んずれば則ち人を制す。劈頭《へきとう》まず彼の心胆を奪わんが為めには須らく尊大倨傲の言貌《げんぼう》を以て彼に対し、峻励《しゅんれい》犯すべからざる官吏の威厳を知らしむるの工夫あること肝要なるべし、と。誤解もまた甚しと謂わざるを得ず。もし夫れ斯くの如き心を以て彼に対し、漫りに畏圧を試み、屈従を責むるが如きことありとせんか。廉恥心ある彼はこれが為め、ますます堪うべからざる苦悶を加え、或いは憤恨となり、或いは罵詈となり、或いは終に破裂して反抗狼藉の挙動あらしむるに至るを免れず。尊大倨傲は何人に対しても決して威信を保つの道にあらず、況んや身分あり教育ある者に対する場合に於いてをや。たまたま以て己れの暗愚賤劣を表するの招牌たるに過ぎず。

教育ある者は分別あり。自分ある者また必ず廉恥の心に富む。彼、或いは始めは己れに頼む所あって、ややもすれば倨傲尊大に渉るが如き挙動あるべきも、官吏は則ちますます謙譲慈仁の徳操を守ってこれを処遇し、忍容の裏面には自らまた凛然犯すべからざる厳粛の意気を貯え、ひたすら忠実懇篤にその職務を執行するに他意なきを認識せしむるに於いては、彼、必ず終に自から反省して深く昨非《さくひ》を追悔《ついかい》し求めずして、而して改過遷善《かいかせんげん》の道に奨《すす》ましむるに至るを得べきなり。所謂不言の教訓なる者、即ちこれなり。また何んぞ威厳の保たれざるを憂いんや。況んや一時これと失うが如き者は、かえって後ちに大にこれを得るの道なるに於いてをや。身分あり教育ある者に対して特に注意すべき一事ありと謂うは他にあらず、彼が長所たる智謀詐術に籠絡せしめられざるの注意則ちこれなり。尊大、以て彼に臨み、一令一叱の下に彼を畏圧屈従せしめんと欲するの心は尚しも未だ士気《サムライ》根生の一部分たるを失わずといえども、その心苟くも利欲に眩惑し、彼が智謀の術中に陥るに至っては、身は既に乞食盗児に化したるものと謂うべく、啻だに瀆職の大なるのみならず、汝が捕縄は直ちに以て汝を制縛するの戒具たるに至るべし。何物に限らず、縦令い一紙半銭の微といえども、決して恣にこれが授受を媒介するが如きことある勿れ。苟くも己れの弱点を看破せらるるが如きことありとせば、彼は則ちたちまちこれに乗じ、あらゆる奇智巧計を運《めぐ》らして以て汝を誘惑せんと試むる所あらしむるに至るべし。誘惑を防ぐは弱点を看破せられざるに如かず。一旦既に彼が乗ずる所となる以上はこれに対して誘惑を防ぐこと極めて困難なりと知るべし。仮初《かりそ》めにも彼が甘言に信を置くが如きことある勿れ。出獄後、しかじかの恩恵を以て酬《むく》ゆべしなとの約来は、往々にして彼が汝を誘惑せんが為めに用うる所の辞柄なり。夢想にも決してこれに耳を傾くるが如きことある勿れ。彼の汝を視る、あたかもなお器械の如し。ただ器械として汝を利用せんと欲するの一念あるに過ぎず、利用終われば則ち復た汝を顧みず。啻だに顧みざるのみならず、進んではまた頻りに汝を陥擠《せいかん》せんと努むる所あるべし。小心翼々《よくよく》、偏えに慎戒を加うるの必要ある所以なり。

分房制度に経験ある先輩某氏の説に曰く、分房施行の実験に就いてこれを見るに、注意周到なる官吏が協力、以て一週間を費やして囚人を教養感化したる所の成蹟は、一人の不注意なる受持看守の為めに僅々終に十分間に過ぎざる瞬間を以て全部たちまち破壊し了せらるるに至るを免れず。また曰く、囚人の品行は受持看守の動作の反映なり。看守の能否はその受持囚人の品行如何に依ってこれを鑑別するを得べし、と。分房受持の責任もまた巨大且つ至難なりと謂うべし。

人の心は剛きが如くにして意外に脆《もろ》く、脆きが如くにしてまた意外に剛き所あり。囚人の心もまた此くの如くなるべきのみ。自由界に於けるの彼はあたかもこれ。悪魔の如く鬼神の如く、神を蔑みし法を侮り、風儀道徳、毫も観みる所なく、かつて警察権の恐るべきを知らず、況んや父兄師伝の畏敬せざるべからざるが如きことに於いてをや。郷党に疎んぜられ、妻子、路頭に迷うも以て些しもその感情を動かすに足らず。ほとんど社会の総べてを敵として、これと闘うの勇胆豪気ありし所の者、一たび監獄に入って鉄窓の下寂寥孤独の境遇にその身を処するの時に当たりては一変、たちまち猫の如くまた狐の如し。飽くまで小胆となり、また飽くまで怯懦となり、深く失望に沈みまた悒鬱に呻吟《しんぎん》す。これぞ則ち人の心の剛きが如くにして、意外にまた脆き所ある所以にして、自省追悔の念を萌《きざ》すもまた実にこの機にありと謂うべし。

畏怖心の行動に現わるる所の状況

寂寥の後ちには追悔来る。追悔の極はややもすれば畏怖心を以て満たざるるに至るを免れず。畏怖心の行動に現わるる所の状況は人に依って千差万別なりといえども、試みにその一二の例を挙げてこれを言えば、或る者は則ち心身の不安となり、夜間安眠を得ず。昼間、また久しく一定の場所に静生するに堪えず。頻りに起って空しく室内を徘徊し、或いは時として頻りに何事をか冥想するものの如く、或いはまた独語喃々《なんなん》、あたかも人と対して相語るものの如し。或る者は則ちその身の健全無病なるにも拘わらず、頻りに疾病を妄覚してこれを訴え、或いは少しく違和あるに対しては、身は既に危篤に頻したる重病者なるが如くに迷想し、漫にその苦吟を大にして人の耳を驚かすが如きあり。或る者はまた四面、皆復讐敵なるが如きの妄念を懐き、食物を見ては毒気の中にあるを疑い、人影を望んでは刺客の己れに迫るを恐るる。然らざれば則ち、或いは死期の眼前に近づきつつあるを空想し、或いは煩悶し、或いは声を放って慟哭《どうこく》するに至る。而してこれら、妄覚迷想の漸々助長するの結果は或いは絶食となり、或いは沈衰となり、或いは躁暴となり、或いは終に自殺を試むるに至るを免れず。そのこれに至るの時は幾分か既に精神病に犯されたる患者としてこれを見るを得べく、看守のこれに対する責任は一層ますます困難を加うるに至りたるものと知るべし。看守の彼を待つ、須らく熱病の重症者に対するが如く、激するなく、また抑うるなく、ますます平静に、ますます懇切にこれを処遇し、忍耐持重、極力以てその心身を慰安するの工夫あるを要す。但し一面にはまたその実相を詳らかにして時を移さず、これを上官に申告すべきは勿論にして、処遇の緩急は一に上官の指揮に基くの注意なくんばあるべからず。

神経過敏なる者に対する心得

分房に拘禁せらるる所の者、ややもすれば則ち神経過敏となり、疑うべからざるを疑い、或いはたちまち物に激し、もしくはまたたちまち官吏に反抗す。好意の訓戒も彼は誤解して謂われなき悪意の非難となし、慈愛の目付きも彼は則ち侮辱の注視と思い僻《ひが》めて悪感を以てこれを迎う。彼の訴願に対して敏活にこれが処理を終われば、彼はかえってこれを軽卒冷談なりとして憤怨し、これに反し、もし多少、時日を遷引するが如きことあるときはその間、手続順序の複雑なるものあるをも顧みず、直ちに認めて寛慢不親切なりとしてこれを讒構《ざんこう》す。また彼、分房囚の特徴として、少しく己れの意に満たざるものあれば、則ち逆上し満面たちまち紅を潮し、容易にその語調を励まして不遜の挙動を示し、或いは次ぐに侮辱、脅迫もしくは暴行を以てするに至る。事これに至っては則ち臨機制圧の措置を以てこれに施さざるべからざること勿論なりといえども、一旦既に制圧処分を以てこれに臨みたる以上は、容易にまた彼の倚信を収拾し得べからざるものと覚悟せざるを得ず。もし夫れ予め彼が性情の発動進行する順序を審かにする所あらば、事のこれに至らざるの前に於いて自からまた禍を未前に防ぐの好手段あるを得べし。忍び難きを忍ぶの必要は実にこの場合にありと会得するを要す。彼、囚人の個人的平生の関係を詳悉するの必要あるは、則ち斯かる場合に応じて機宜の措置あらんことを期するが為めに外ならずして、もし果たしてその不遜もしくは侮辱の病的或いは先天的性情の発動作用たるを認識せば、忍耐以てこれに処し、寛量以てこれが慰安を試むること、豈にまた強いて堪え難きことにもあるべけんや。彼が性情を矯むる他術なし。須らくまず己れを以て忍耐克己の模範となし、人を責むるに寛にして己を持すること最も峻厳なるの注意あるに如かず。忍耐の前には悪魔も慴服《しようふく》す。ただ夫れ忍耐の美徳を己れに涵養するの工夫あるを要す。

苟くも官吏に対して不遜もしくは、侮辱の非違を犯す以上は情としてもまたこれを看過すること能わずの感あるべしといえども、もしその非違にして看守一身の上に止まるものならしめんには、これを寛容すること決してまた雅量ある看守の美徳たるを失わず。一身に対するの非違は彼の静思する時を俟って徐ろに謝罪せしむるも遅しとせず。これを寛容して彼の静思するの時機を俟たば、汝の要求なきも、彼進んで自ら悔過《けか》謝罪する所あるべし。独り汝に対して謝罪の意を表するに止まるのみにあらず、彼はますます汝が雅量の美徳に信服し、ますます汝の威厳を崇重し、一層深くその人と為りを敬仰欽慕《けいぎょうきんぼ》するに至るべし。これを彼の漫に重きを官吏体面云々の上に置き、激励一番直ちに懲罰処分の大打撃を以て彼に酬い、僅かに一時の快心を博《はく》し得るに止まり、しかもますます彼囚人の倚信を失い、いよいよ彼の反抗心を増長せしむるの結果に終わるものに比し、その利害得失の差、果たして如何んぞや。考慮一番を要するの点なりと謂うべし。

残暴兇悪なる者に対する心得

看守の職務はあたかも燭を把って火薬庫の前に在る者の如し。危険の多きこと今更ら復たこれにこれを述ぶるの必要あるを見ずといえども、殊に残暴兇悪なる分房拘禁の囚人を処遇するに当たり、一層深く危害の汝の眼前に迫まりつつあるを感知すべし。残暴兇悪なる囚人に対するの場合に在っては平生最も慎密の警戒を加うべきこと勿論なりといえども、しかも決してこれを厭忌《えんき》し、もしくは畏怖するが如きことある勿れ。飽くまで平静の姿勢、慈愛の挙動を以てこれに対するの注意あることを要す。一見虎《こ》狼《ろう》蛇《だ》蝎《かつ》の如き醜貌《しゅうぼう》を呈する所の悪漢も、虚心以てこれに接するときは往々

戇愚喪心の者に対する心得

にして意外に怯懦従順の実あるを経験すべきなり。而してそのこれをして怯懦従順の如くなるに至らしむる所以のものは虚心の徳、実にこれを然らしむるものと謂うべし。虚心なる者、必ず大胆なり。大胆にして始めて能く平静自若たるを得べく、寛厚慈仁の徳もまたこれに基くを俟って始めて能く薫化の全きを期すべきなり。

分房拘禁の囚人には往々にしてまた戇愚喪心の者あるを発見すべし。この種の者はその形を人間にしてその心を禽獣にするものと、一般にして精神は既に死に幾く、厚遇に対し、また虐待に接し、共に冷然これを受けて微感なく、かつて懲罰の苦痛たるを知らず、況んや訓誨苛責をや。またかつて賞誉の恩恵たるを弁えず、況んや慰藉奨励をや。喜怒哀楽の中枢はほとんど全く欠乏し、感化教養の手段はこれを施すにほとんど寸毫の余地あるを見ず。ただ善く食い、善く眠り、督励あれば則ちまた善く労役に精勉す。その精勉すと称する所のもの、ただ器械として善く動くの意味たるに外ならず。もし夫れ看守の職務にして旧時の所謂牢番的簡易単純なるものならしめば、斯かる種類の囚人こそ誠に手数を要せざる都合善き部分に属すべき者なるべしといえども、今の看守に取りては則ち然らず。その仮死の精神を喚起蘇生して、これが感化の種子を下すべき心地を開拓するの職責あるが故に、この種類の者こそかえって難物中の難物に属する者なりと謂うべきなり。如何せば能くこの職責を全うするを得べきや。

この種の者に対する第一の工夫はまずその気を長くして総べての方面より慎密にこれが動静を視察するにあり。蓋し往々にしてことさらに戇愚《こうぐ》喪心を偽装する横看漢あるを免れざるを以てなり。聖語に死者を蘇生せしむと言える語あり。この語、宜しくこれを精神の喪失したる者に対して再び良心の発動を喚起復興せしむるの義に解すべく、ほとんど聖人以上にあらざれば、則ち為し能わざるの難事にして、これを監獄官吏に求むるは、所謂難きを人に責むる識りあるを免れざるべしといえども、彼、朱愚なるもなお未だ全く無精神者なるにあらず、既に多少の精神あればまた幾分の欲望なきを得ず。もし活眼を以て絶えず周密の視察を加うる所あらんには、陰冥微妙の間、何物かもしくは何事かに対してその欲望の発動することを認識するを得べし。自己に対し、官吏に対し、或いは親族故旧に対し、或いは吉凶禍福の人事に対し、乃至はまた動物もしくは植物に対し、縦令い完全ならざるまでも、或いは時として幾分の同情を表する機会あらざるや否やを視察せよ。冷血、石の如き非情漢も飯食物に対しては、或いは意外に欲望心の強きことあるを発見ずべし。果たしてもしこれあるを発見せばまず飯食を懸けて感情の喚起を試み、或いは進んで謹慎勉励を奨むるの手段たらしむるもまた可なり。此くの如くにして幸に幾分の効果あるを認め得たらんには、更らに方向を転じて徐々にその欲望を或る他の無形高尚なる主体に注がしむるに至るの工夫あるを要す。希求の念は一転して利害の感となる。利害の感一たびこれに生ず。知らず識らずの間に教養感化の心地を開拓し得るに至るを期すべきなり。

弱志軽躁なる者に対する心得

この他分房に於いて最も多く見る所の者は弱志軽躁なる者則ちこれなり。上来列挙し来りし所の性情は多く分房に由り、もしくは分房拘禁中に発生するものなりといえども、これに所謂弱志軽躁なるものは大概皆既にその人に固有し入監と共にこれを齎《もた》らし来りたるものに属す。而して弱志軽躁なるものの動作に現わるる所の形状は、あたかも日光の色硝子の窓を通して粲然《さんぜん》たる種々の色彩を放つが如く、千種万様も啻ならざるが故に、これを形容し尽くすこともとより甚だ至難なりと謂うべし。或いは曰く「某ハ其ノ性、弱志軽躁ニシテ到底、改過遷善ノ見込ナシ」或いは曰く「某ハ其ノ品行ニ於テ幾分ノ非難アルヲ免カレサル所アリト雖モ是ハ其ノ弱志軽躁ノ致ス所ニシテ必スシモ不良ナル者トハ謂フヘカラス」と前者は弱志を以て罪悪の条件となし、後者は却ってこれを認めて寛恕の理由となす。言い換うれば、彼は弱志なるが故に改悛の見込なしと結論し、これは則ち弱志なるを以て不良の認定を拒むの理由ありとなす。これを以て見れば弱志の文字は正に反対に用いられつつあるを知るべく、これ畢竟、千種万様の作動に就き、僅かにその一班を挙げて弱志なり軽躁なりとの速了を下すが為めなるに外ならざるべしと信ず。

既往を忘れ未来を慮からず、ただ目前区々の利害のみを知る者、これを弱志と謂う。弱志は浅慮に起こる。浅慮なるが故にただ一時の快のみを貪るを知って、苦痛に堪え不快を忍ぶことのかえって未来永久の利益たるを弁うること能わざるなり。その衷情、寧ろ憐れむべきものありと謂うべし。一例を挙げてこれを言えば、これに血気の壮漢あり。もとより秩序ある教育の素養ある者にあらず。一朝、糊口の急に迫られて都会に出て四方奔走の末、ようやく傭主を得てこれに仕え、能く忠勤を抽んでその労に服す。たまたまその郷村に歳時一回の鎮守祭あるに会し、頻《しき》りに懐旧の情に堪えざるが為めに、切に主人に対して数日間の賜暇《しか》帰村の許可を得んことを求む。主人またこれを快諾せんと欲するの意なきにあらずともいえども、時あたかも業務の最も繁忙なる季節に際会するの故を以て、懇々《こんこん》その事情を説いて賜暇の許可を与うる能わざる所以を諭示する所あり。壮漢は即ち失望に次ぐに憤怨を以てし、憤怨の余り、ただ目前に迫る村祭の楽しみを得んと欲するに急なるが為め、前後利害の分別もなく卒然、激語を放って解雇を求め、粒々辛苦《りゅうりゅうしんく》して多少羸《るい》し得たる所の給料を携えて郷里に帰り、狂遊幾日、濁酒に酔い、悪戯に耽り、たちまち嚢底《のうてい》を叩き尽して復た一銭の余金あらざるのみならず、若干の借債をすら負担するの悲境に陥り、飢うるも食するに由なく、帰るにまた行く所なきに至る。この類の如きもの則ちこれなり。犯罪の行為は弱志軽躁に基因するもの甚だ多し。

彼、犯罪者といえども、始めは外聞の悪きを厭わざるにあらず、人に迷惑を掛くるの心に忍びざるの感なきにあらず、況んや刑罰の制裁を受くることの恥辱たり苦痛たり、また不利益たることに於いてをや。これを知って而してなお犯罪を敢えてする所以のものは、蓋し所謂、弱志軽躁の致す所。反省克己未来永遠の利害得失を考慮すること能わざるが為なり。犯罪の弱志に出ずるものと悪意もしくは利欲に基くものとはこれを鑑別することと容易にあらざれども、しかも決してこれを混淆《こんこう》するが如きことなきを要す。所謂偶発犯及び習慣犯の分かるる所は則ち多くこれに存し、これが鑑別を過まるの結果は終に偶発犯者をして習慣犯者に醜化せしの弊あるを免れず。弱志に出ずるものは事後たちまち追悔する所あるべきも、利欲に基くものは則ち追悔の情、極めて乏しく、或いは全くこれを闕如《けつじょ》す。叱責を受けて恐縮し、懲罰に遭うて苦痛を感ずることの殊に甚しきは則ち弱志的囚人の特徴にして、これに反する者は則ち利欲的囚人と認めて多くはその正鵠《せいこく》を過まらざるべしと信ず。

利欲的囚人に対する心得

利欲的囚人の性情及び行動を見るに、多くは則ち嫉忌に富み、陥擠に長じ、また残忍を敢えてし、暴戻《ぼうれい》を逞《たくまし》うす。詐欺、虐待、誣告《ぶこく》、偽証、放火、謀殺等を犯す者の多くはこれに属す。蓋し利欲の源は主我にあり。天下ただ我あるを知って、また人の利害如何を顧みるの念慮なし。人の利は己れの害たるを感じ、人の栄達を嫉み、人の不幸を歓び、人を陥擠するが為めには残忍暴戻を敢えてすることを憚らず。而してそのこれに至る所以のものはもとより種々の原因もあるべしといえども、要するに幼時に於ける教育の放慢、家庭及び交遊の腐敗溷濁《こんだく》なりしことの如きは蓋しその最も重《お》もなる原因の一に属すべしと信ず。これが矯正感化を施すこと最も困難なりと謂わざるを得ず。

これを本然の良心に帰らしむるの道、もとより多々なるべしといえどもその道を発見しこれを啓誘するは則ち看守の任務なるが故に、宜しくまずその性情の堕落するに至りたる所以の源を探求し、これに処する機宜の手段を施すの工夫あるを要す。彼の行為は彼、自から信じて以て当然となし、また以て利益あり快楽あることとなす。看守は宜しくその行為の災禍《さいか》の因にして未来永久の不幸不利益を醸すの根源たるを誨《おし》え、他に高尚確実なる人生の幸福快楽あるを悟るに至らしめよ。彼に対する飽くまで平静厳粛なる行動を保ち、彼の為めに決して汝の心を激せしむるが如きことある勿れ。汝の説諭する所、或いは当に糠に釘すると一般なるに終わり、所謂労して効なき結果を見るに至るべしといえども、決してこれが為めに失望阻喪する勿れ。忍耐持重、総べての機会を把ってこれを利用し、百歩を退いてなお一歩を進むるの工夫あるを要す。病ある時、罰せらるる時、或いは父母妻子の丁憂に際したる時、これら総べての埋没せる至情を惹き起すべき機会に臨んで暖かき同情を表して彼が感動を啓発助成することを努めよ。悲しめる時または苦しめる時、人より受ける所の厚情は深く肝に銘じて永くこれを忘却せざるべく、少なくもその瞬間に於いて敵意を以てこれを迎うるが如きは如何なる悪漢といえどもまた敢えてせざる所なるべきなり。彼もし人に対しまたは物に対し、縦令い一小動物に対する場合といえども、もし背信不徳の行為を現わすが如きことあるを発見せば、厳粛の態度を取って容赦なくこれを訓戒すべし。然れども、またもしその行為にして汝の一身に対するものに止まらしめば、所謂仇に報うるに恩を以てするの雅量を保ち、毫も憤激することなくして却ってこれを忍容寛恕するの注意あること必要なり。

事極めて醜猥に属し筆端、これが為めに汚かるるの感なきにあらずといえども、なおこれに一言を敢えてせざるべからざるものありと謂うは他にあらず、手淫の弊則ちこれなり。手淫の悪習は監獄に於いて始めて起こるものにあらずといえども、分房拘禁の場合に於いて殊にこの弊の甚しきもののあるを見るの例なり。手淫の衛生に害あるは何人も能く知る所にしてこれにこれを贅言《ぜいげん》するの必要なしといえども、事、もと秘密中の秘密に成功するものなるが故に、これを看破すること甚だ難し。或いは顔貌（眼窩の周囲に青色の環状を呈するは手淫の結果なりとの説あり）に依り、或いは種々の動作に依ってこれを察知するの方法もあるべしといえども、これらは則ち専門当局（監獄医）の研究に譲り、受持看守としてこれに対するの注意は宜しくまず絶えず厳密の警戒を加え、なるべく閑居拱手《きょうしゅ》の機会なからしめんことを努め、且つ時々下着下帯の類を精検すべく、或いは必要に応じて便器または不浄場に委棄せる紙片等に就いて検証するも、また一手段たるべきなり。もし夫れ実際その行為なき者に向かって漫にこれを疑い、或いは訊問をなし、もしくは訓戒を加うるが如き失態あらば、その弊は一層更らに大なるものありと知るべし。これに反し、もしいよいよその確証を得たる場合に於いては猶予なく、直ちにこれに向かって訓戒を加えざるべからず。訓戒は須らく厳粛なる態度の下に簡単なる言語を用うるの注意あるを要す。但し緩急に応じ、直ちにこれを上官に申告して或いは処分を求め、或いは指揮を俟つことあるべきは勿論なり。

雑居囚に対する心得

雑居囚に対する心得

凡そ物、一長あればまた一短あり、分房、必ずしも全能と謂うべからず雑居拘禁もまた強ち弊害のみとは謂うべからず、要はただこれが運用の巧拙如何に在って存すと謂うを得べし。況んや我が国の如きなお未だ雑居制度の下にほとんど総べての監獄を管理しつつある所に於いてをや。草根木皮も他に良剤なければ則ちこれに由って医療の道を講ぜざるべからざるが如く、監獄もまた分房の設備なくんば勢い雑居に依ってその奏効を計らざるべからず。これを計るの困難なるは、則ち人の力に俟つあるの多き所以にして、当局その人を得て苟くも運用の宜しきを得る所あらんには、雑居もまた分房に優るの効果あるを得べし。雑居拘禁に対するの勤務を以て決して簡易単純のものと軽視するなきを要す。

規律の必要

新任看守として雑居拘禁の監房または工場に配置せらるる所の者、その受持囚人は多きは則ち百幾人、少なきもなお三五十の数を下らず。宛然、あたかも赤衣兵の一軍隊に将たるの感あるべし。然り、監獄もまた諸々の点に於いて軍隊と甚だその趣を同じうし、軍隊に規律の必要あるが如く、監獄もまた規律を以て遇囚第一の要素となす。所謂監獄は規律の府と称するが如く、飽くまで厳粛に且つ飽くまで剛直に、一挙一動総べて鉄の如き規律を励行して、以て囚人を処遇する所なかるべからず。これを励行せんと欲せば、須らくまず汝をして規律の活摸範たらしめよ。汝の姿勢に於いて、汝の動作に於いて、また汝の総べての執務の上に於いて、事々物々尽くこれ規律的ならずんばあるべからず。如何なる場合に論なく、決して或いは囚人と相親昵するが如きことある勿れ。苟くも親昵あれば規律立たず、一個人に由って紊るるの規律は終に監獄全体の規律を壊乱し了するに至るの結果あるを免れず。新入看守として雑居拘禁の囚人を受持つ場合に在っては宜しくまず専ら外部的職務を励行するの覚悟あるを要す。

規律と相伴うて最も励行を必要とする所の条件あり。清潔確保の事則ちこれなり。これを励行するに就いては殊に慎密周到の注意を加うる所なかるべからず。清潔施行の範囲は極めて広く、これを施行する所の目的物もまた頗ぶる多端なり。監房工場は言うを俟たず、或いは被服に対し、或いは備品に対し、或いは素品或いは器具、或いはまた囚人の身体の上に対し、これを要するに監獄内に存在する総べての物件に対し、表裏徹底して純清純潔の面目を確保せしむる所あるを要す。これは決してただ外見外貌を装わんが為めの旨趣にあらず。これを清潔ならしむるは則ち囚人心性の教養に関する所、また至大なるものあるを以てなり。盖し身体の汚染を顧みざるは精神汚染なるが為めの反映にして、これを顧みざるの結果はまた相照応してますます精神の腐壊を大ならしむるに至るを免れず。その他被服に就いて備品に就いて、あらゆる彼を囲繞《いじょう》する所の物件に就いて渾べて悉く同一の関係あるは事実の掩《おお》うべからざる所にして、看守たる者の最も注意すべき要点と謂うべきなり。

囚人の健康を保全せんと努むること、須らく己れの健康を愛護するが如くに親切周到なるを要す。監房もしくは工場に在っては時々油断なく新鮮なる空気を流通せしむることに注意する所あれ。然れども、また漫に通風の襲来を自由ならしむるが如きことあるべからず。通風は換気と異なる。換気は衛生上欠くべからざるの要件なりといえども、通風は衛生上、最も恐るべき有害物なりと知るべし。戸窓を密閉して空気の流通を阻絶するの害は、寒天、屋外に立って風雨に露臥せしむるの害よりもなお大なり。肴屋は厨魚の臭を感ぜざると一般にして、身、多囚と雑居して監房または工場に勤務しつつある所の者はややもすればその圏内に於ける空気の腐敗甚しきに至ることを自覚する能わざるの恐れあり。受持看守の大いに注意すべき要点なりと知るべし。

もし夫れ工場等にあってその位置構造の関係より或いは夏時、炎熱強く冬季、寒冷甚しき一局部あるを免れざるが如きことありとせば、看守は己れまずその最も不幸なる局部を撰んでこれに坐席を占むるの注意あるを要す。決して独り自から清涼温暖の場所を占領するが如きことある勿れ。幸いにして、もし比較的清涼温暖の場所あるを発見せば、宜しく老者、虚弱者病衰者等を撰んでこれにその坐席を設けしむるの注意あるべきなり。

作業に対する心得

看守は囚人の作業を督励且つ指導するの責任を有す。故に看守は自からその受持工場に施行する所の作業に習熟し、もしくは少なくもその作業の大体に通暁する所あるを要するは勿論なり。もし夫れこれに習熟もしくは通暁するにあらずんば、如何んぞ能く督励を周密にし、指導を完全ならしむることを得べけんや。

看守はただ囚人の作業を督励するのみならず、併せてまたその就役の実況、例えば如何に素品を費消し、如何に器械を使用し、また如何なる感情如何なる注意を以て作業に従事しつつあるか等の実況をも監督せざるべからず。もし或いは器具素品等を濫用し、或いは漫に成工を急いで粗製に流るるが如き弊あるを発見せば、容赦なくこれに向かって訓戒を加うる所あるを要す。苟くもその訓戒をして肯綮に適中する所あらしめんとならば、看守自からその作業の事に精通する所あらざるべからざるは勿論なりと謂うべし。

囚人をしてその作業に精励せしめんとならば、看守は須らく率先して勉励の摸範を示す所あるを要す。漫然ただその坐席に兀立《こつりつ》し、もしくは空しく受持場内を巡回することのみを以て能事了せりと思うべからず。時としてはまた自から努を分って囚人と作業を共にするの同情なくんばあらざるなり。

囚人もし作業に精励し、技能また進歩の実あるを目撃せば、看守は宜しく歓びを以てこれを迎え、且つ賞詞を下してこれを励ますべし。奨励は勇気の原動となり、ますます精勉を努めていよいよ技能の上達を希《ねが》うの欲望を発せしむるに至るを得べきなり。非難或いは訓戒も時としてはまた彼を警省せしむるに必要なる手段たるべしといえども、ややもすれば則ち却って彼を失望萎縮せしめ、或いは自棄となり、或いは反抗となり、ますます技能の退歩を来さしむるに至るを免れず。これを施すは時と場合の緩急を斟酌《しんしゃく》して最も慎密の注意あるを要す。

現に施行しつつある所の作業に就いては常に親切の注意を加えて深くその利害のある所を研究し、何時にても上官の諮問に応じてこれに答弁するの準備あれ。或いは時々自から進んでその意見を開陳すべし。漫に施行作業の範囲に拘泥《ほうでい》せず、他になお一層の適当有益なる作業ありや否やを考究するを要す。一看守が作業に注意するの精疎如何に由りては、たちまち監獄全体の経済に至大の影響を及ぼすものありと了知すべし。

看守はその受持囚人の個人的関係を詳悉することを要す。これを詳悉するを俟って始めてその習慣、技能、嗜好等を審かにするを得べく、これを審かにする上に於いて始めて適当の作業を課し、且つこれを督励指導することの周密適実なるを期すべきなり。

看守はまた作業に由って囚人を教養感化するの工夫あること必要なり。蓋し囚人の多くは未だ労働自営の趣味を解せず、これを解せざるが故に精励刻苦の習慣を得る能わず、これを得る能わざるの結果は遊惰となり、遊惰は窮乏を招き、窮乏は則ち犯罪の誘因となる。看守は囚人に対して宜しくまず労働の趣味を解するに至らしめよ。忍耐、規律、勤倹等の美徳もまた作業、則ち労働に由ってこれを奨励涵養することを得べきなり。

個人的遇囚の心得

個人的遇囚は進歩せる治獄法の要件なり。雑居拘禁の場合に在ってもまたこの旨趣を貫徹するの必要あるを忘るべからず。分房に於ける個人的種々の現象は雑居に在っては一層なお多種多様の現象を呈するものなり。或いは軽躁の如き、或いは兇暴の如き、これを発現するの機会は寧ろ新居の場合にその多きものありと云うべし。弱志軽躁なる者に対する須らく常に獄則教令の威厳を感ぜしむることを努むると共に、時宜を計りてはまた厚く懇切慈愛の処遇をなすの注意あるべきこと必要なり。分房拘禁囚の場合に於いて陳述せし所のもの、直ちに取ってまた雑居拘禁囚に適用するを得べし。

性質兇暴なる者に対する場合にあっては、常に努めて平静の態度を保ち、忍耐持重、彼の為めに己れを激せしめざるは勿論併せてまた彼を激昂せしむるが如き挙動あるべからず。一旦、もし兇暴の行為を現わすに至らば、容赦なく直ちにこれを制圧するの措置あるを要す。然れども、また如何なる場合に論なくこれに向かって決して必要なき非難を加え、もしくは侮辱嘲弄を施すが如きことある勿れ。或いは、また畏嚇《いかく》がましき挙動を示すが如きこともこれを避けよ。例えば厳罰を以て汝を処分すべしと畏嚇するが如き。もし果たして看守の希望すると同一なる処分を得ばなお可なりといえども、上官の見る所、多くは則ちその希望の如くなる能わず。或いは不問に付せられ、或いは訓戒に止めらるるが如きことありとせば、独り兇暴者に対してますますその威信を失うのみならず、多数の囚人に対しても、またいよいよその体面を傷うに至るを免れずと覚悟せよ。憤激に乗じて処罰の請求を為すが如きは最も慎戒を加うべき所なりと知るべし。

監獄に拘禁せらるる所の囚人は、多くは則ち腐敗溷濁の境遇に馴養せられ、教育なくまた道徳なく、もとよりまた礼儀作法の何物たるを弁うる者にあらず。その言動の粗野醜悪なるを免れざるものの多きは、もとより怪むに足らざる所なり。故に卒然これに接して漫然ただその言動を非難、もしくは擯斥するが如きことある勿れ。宜しくまず自から高尚なる品位を保ってこれに対するの注意あるを要す。彼に対し最も有力なる堤防となり墻壁となる所のものは人の品位なるもの則ちこれなり。謙譲慈愛の徳を以てこれに加うるあらば、品位は則ちますます高尚優美なることを得べきなり。囚人もし看守に対して抗弁を試むるが如きことありとせば、看守はこれに応じて再び言を交うるが如きことある勿れ。争闘の因は則ちこれに生ず。苟しくも囚人と喧嘩口論をなすが如き失態あるに至っては、看守はまた一日もその職務に止まること能わざるべし。一言一行、苟しくもその品位を傷うことなきや如何と反省せよ。品位のある所、威信必ずこれに従う。威信を全うするを得て始めて人を教養感化することを得べきなり。

軽躁または兇暴なる者ある傍らには、或いは偽善を装い、阿諛に巧みなる者また少なからず。阿諛偽善もまた不徳の大なるものたること勿論なりといえども、これに対する者、ややもすれば則ち己れに便なるの故を以てこれを放漫に付するの弊あるを免れず。看守は宜しくその眼光を鋭くしてこれが看破を努むべく、決して彼が術中に陥るが如きことある勿れ。もし夫れ或いはこれを看破する能わず、或いは看破するもこれを矯正すること能わざる時は、独り彼に対してその威厳を失うのみならず、受持全体の囚人に対してもまたその軽蔑を招くに至るを免れざるべきなり。但しこれを看破するに至るの時といえども、決して濫りに彼を侮辱するが如きことあるべからず。偽善を化して真善となし、阿諛を変じて謙譲となす。宜しく間一髪の活機を利用するの注意あるを要す。

監獄は教育事業の聖域たり。一たびこの聖域に入る所の者、何人といえども終に感化の恵に浴するに至らざるを得ず。多数囚人の内にあっては往々また頑冥且つ執拗にして、容易に教養感化の見込なき所の者あらん。斯くの如き所の者といえども、教えて而して化するの道なしとは謂うべからず。要はただその道を発見するの難易如何にあり、これを発見するは則ち日々囚人に直接してその行動を視査研究しつつある所の看守当然の任務と謂うべきなり。

囚人中、最も多数を占むる所の者は、怠惰放縦なる者則ちこれなり。怠惰放縦はほとんど彼が第二の天性にして、これが為めに窮乏し、またこれが為めに犯罪の止むべからざるに至る。怠惰放縦の痼疾《こしつ》は監獄に来るも容易にこれを蟬脱《せんだつ》する能わず。苟くも機会あれば則ちこれに発現し、或いは科程を偽り、或いは他人の製作を窃略《せつりやく》す。甚しきに至っては、或いは疾病を虚搆し、或いはことさらに不熟練を装うて而して科程のなるべく小量ならんことを計る。斯くの如き者に対する、須らくまずその視察監督を周密ならしめんことを努むべし。忍耐以てこれを教え、厳正以てこれを戒飭すべし。これに労働の趣味を与え、またこれをして「労働セサレハ衣食スル能ハス」の金言を会得せしむるに至るの注意あるを要す。

雑居拘禁と分房拘禁とは、その職務の上に於いて自から各々特殊の性質あるべきは勿論なりといえども、詮ずる所は則ち均しく監獄の一体にして、その目的とする所は共に囚人の改良感化に外ならず。彼を重しとして、これを軽しとなす勿れ。況んや雑居拘禁に由って監獄の目的を達せんこと、殊に至難なるものあるべきに於いてをや。その責任に於いては寧ろ分房拘禁の場合に優るあるも劣る所なしと謂うを得べきなり。

特別勤務に対する心得

門衛及び受付勤務の場合

第七章　看守の特別勤務に配置せられたる場合の心得を論ず

看守は時としてまた、門衛或いは受付の勤務に配置せられ、新たに入監し来る所の囚人を迎接するの局に当たることあるべし。凡そ物、最初に強く感じたる所のものは深く肝に銘じて容易にこれを忘るる能わざるを常とす。所謂先入主となるもの則ちこれなり。殊に新入囚人として、始めて汝の手に導かれつつこの悲絶凄絶の別天地に歩を移す所の者にあっては、その神経の極めて過敏なるを免れざるべきが故に、これに対する看守の態度は一挙一動といえども最も慎密の注意を加うる所なくんばあるべからず。

さらぬだに、門衛または受付に対しては、尊大倨傲の譏りあるを免れざる所なるが故に、新入囚人等に対する場合に在っては、殊に深く警戒を加え、決して或いは粗野冷酷に渉るが如き挙動あるべからず。監獄官吏として第一者に彼、新入者に接する所の者は則ち門衛の看守なり。門衛看守にして、もし粗野冷酷の挙動を以て彼に迎接する所あらんか。彼、囚人は則ち汝を以て汝の同僚汝の上官を推測し、監獄官吏の総べてを認めて粗野冷酷、世間の所謂牢屋番人然たるものと速了するに至るを免れず。もし夫れこの心を以て彼の先入を制せしむるが如きあらば、教養感化の事これに既にその大部分を破却せられたるものと謂うべきなり。看守の彼を待つはもとより、普通の来客を歓迎するものと異ならざるべからざるは勿論なりといえども、これに対する、須らく厳粛の態度と真率の挙動を保ち、その心を平静にしてその情を友愛懇切ならしむることを要す。宜しくまず彼、神経過敏の新入者をして門衛たる汝の挙動に由って厳粛なる検束の下、慈愛なる人の力に保護せらるるの感を起こさしむること肝要なり。教養感化の心地はこれに既にその大半を開拓し得られたるものと謂うを得べし。

監門守衛に従事する所の看守はその身、常に外人に対して監獄を代表しつつある者なりと覚悟すべし。蓋し監獄官吏の内に於いてその最も外人に接することの多きものは、則ち門衛勤務の看守なるを以てなり。ゼーバッハ氏の言に曰く、門衛看守の姿勢及び挙動を一目して、ほぼその監獄規律の張弛如何を卜知するを得べし、と。故に門衛看守たる所の者は居常、最も注意してその姿勢を整修し、言語挙動の如きもなるべく荘重を旨とし、或いは傲漫に渉り、或いは卑屈に流れ、これが為めに外人の軽侮を招き非難を受くるに至るが如きことあるべからず。監獄の秩序及び静謐を害するが如きことは、努めてこれを制遏防止すべきは勿論にして、外人の濫りに門前に停立し、または雑沓《ざっとう》するが如きこともまた厳にこれを制止すべし。日没後は殊に注意を加えて守衛をなし、最も厳密に出入者を監査すべし。門衛看守として心得べき所の事項はもとより多端《たたん》なるべしといえども、殊に監内の事変、または近火、暴風雨及び押送囚来監等の場合に於ける心得事項を熟知し置くこと必要なり。貨物を積載したる荷車等の出門する場合に於いては殊に最も慎密の注意を加うる所あるを要す。蓋し往々貨物中に埋伏して逃走を計るの囚人あるを以てなり。

夜勤に配置せられたる所の看守はその立番勤務たると巡回勤務たるとに

論なく、常に快活鋭敏なる耳目を以て服務するの注意あるを要す。蓋し、夜勤の目的は幽を穿ち微を発き、逃脱火災等の事変に対し、これを毛髪の機に察して害を未然に防遏するにあるを以てなり。その静謐なること、あたかも無人の幽境の如くならしむべしとは夜勤看守の第一に服膺すべき所の金言なりと知るべし。大胆なれまた小心なれ。如何なる事変に遭遇することありといえども、決して或いは周章狼狽するが如きことある勿れ。夜勤看守の職務はあたかも戦場に於ける前哨兵の職務に髣髴《ほうふつ》たり。「爾《なんじ》の前面を距る僅かに一歩ならずして敵兵あり。危難は爾の眼前に迫り居れり」。もし夫れ囚人の逃脱せんとする者あるを認知したるときは、あたかも前哨兵が敵兵をして一歩も哨兵線内に踏み入るることを得ざらしむるが如く、猶予なく直ちにこれを捕獲すべし。そのこれに処すること最も機敏にして且つ最も大胆なるを要す。苟くも、もし彼、社会の公敵たる囚人をして逃脱を果さしむるが如きことありとせんか。秩序安寧の本営は終に復た、彼、公敵の破壊蹂躙せらるる所となるに至るを免れず。監獄の失態、実にこれより大なるはあらざるなり。当事者たる者果たして何の面目ありて復たその職務を執ることを得べけんや。

始善終美の語あり。その始めを善くするの注意は新入囚に対して換衣、入浴、理髪等を執行する場合に於いてもまたその必要ありと知るべし。彼、監獄の事に不知案内なる所の者、何事も汝の意の如くなる能わざるは勿論なり。況んや心緒乱れて糸の如く、畏懼《いく》失望の情を以て満たされる所の彼に於いてをや。これを督促すれば則ちますます狼狽し、これを叱咤すれば則ちいよいよ萎縮喪心するに至るを免れず。彼に対する須らく忍耐にして且つ懇切なるを要す。この瞬間もまた彼の心を攪るに最も大切の時機なりと謂うべし。

捜検の場合

囚人の身体及び被服ならびに監房の捜検は最も敏捷且つ慎密にこれを執行するの注意あるを要す。千丈の堤も微々たる一小蟻穴より崩る。この格言あるが如く、もし身体、被服、監房等の捜検にして慎密の注意を欠くときは、縦令いその構造を金鉄とするも、終に一小硝子片の裁破する所となるを免れず。捜検の精否は戒護上、最も重要の関係を有するものなるが故に、看守たる者責任を以て充分、惧密且つ敏捷にこれを執行せざるべからず。而してその敏捷なるを要する所以のものはなるべく短き時間に於いてなるべく多数の囚人または監房を捜検し終わるの必要あるを以てなり。捜検の際発見したる所の事情は、細大共に上官に申告することを要す。

均しく新入囚人の内にあっても、或いはまた所謂慣習犯者として再三監獄に出入するが如き所の者もあらん。彼は独り汝を熟知するのみならず、監獄の状況に就いても細大画くこれを詳悉す。此くの如き者に対しては須らく汝の挙動をして一層大いに峻厳ならしめよ。凛然犯すべからざる態度を以てこれに対し、苟くも或いは多言を交うるが如きことある勿れ。言を発する須らく極めて謹粛簡明《きんしゆくかんめい》なるを要す。入監の場合に於ける汝が謹粛簡明の一言は、時としてまた彼をして非常に感旧興起せしむる所のものなきにあらず。

獄則教令を伝達する場合に当たっては努めてその用語を平易にし、まずその字義を理解せしむることに注意すべし。字義の理解せらるるに至るを俟って始めてこれにその精神を訓諭すべし。

囚人検束の要は囚人をしてまずその衷心より逃脱の希望を絶念せしむるにあるが故に、看守は則ち身を以て囚人に対する鉄壁と心得、囚人をして到底これを攀越《はんえつ》し能わざるべしとの観念を起こさしむること必要なり。故に如何なる場合に於いても常にその炯々《けいけい》たる眼光を受持囚人の上に注射せよ。囚人をして毫髪の微も由って以て乗じ得えば機会を発見せしむるが如きことある勿れ。

火災は勿論、その他破獄風震等、非常事変あるの場合に於いては、看守は一に非常取締規程の定むる所と上官の命令する所とを遵奉して、敏捷且つ円滑にその職務を執行するを要す。故に看守は平生まず監内非常取締規則を熟読し、なお実際に就いて充分、その運動を訓練し置くこと必要なりと知るべし。

故意または過失を以て囚人を逃走せしめ、もしくはこれを容易ならしむるの事は瀆職の最も重大なるものなることもとより多言を要せずして明らかなり。その制裁としては則ち或いは厳重なる刑法の処罰を受くることあるべく、然らざるもまた不名誉なる免職処分を免れざるものと覚悟せざるべからず。

運動の場合

監獄に於いては囚人をして毎日相当の時間、監房外に於いて運動をなさしむるの規定あり。盖し運動は何人に取りても腸胃の消化を助け、血液の循環を能くし、精神及び身体を爽快活潑ならしむるの偉効あるものにして衛生上、最も欠くべからざる所の必要条件たるを以てなり。況んや彼、終日終夜、狭隘《きようあい》なる一室に屏居する所の囚人に於いてをや。これに運動を許すは豈に独り彼の沈鬱を慰めんと欲するの旨趣に出でたるのみならんや。運動戒護の任に当たる所の者は能くこの旨趣を体して衛生保健の目的を貫徹せしむるの注意あるを要す。

監獄に於いて施行する所の運動には雁行運動及び単行運動の二種類あり。厳重なる分房制に拠るの監獄に於いては凡べて単行運動の方法を取り通例の場合に在っては大概、雁行運動の方法に拠ってこれを施行す。雁行運動とは則ち数人を以て一組となし、一の運動場に於いて雁行形に歩行しつつ運動せしむるものを指してこれを称す。この運動の際に於いては囚人相互の間、必ず常に二歩乃至五歩の距離を保たしめ、決して相接触することを得ざらしむること必要なり。

実験する所に由ってこれを見るに、或いは不正の通謀をなし、或いは逃走を企て、或いは有害の物件を拾得包蔵する等、諸般恐るべきの弊害はそのこれを運動の機会に胚胎せしむるもの少からざるが故に、看守は宜しく極めて鋭敏なる耳目を以て運動者の一挙一動を視察すべく、殊にその隅角等に於ける挙動に注目し、瞬時も他にその炯眼《けいがん》を放つべからず。運動の目的は独り身体を運動するのみならず、併せてまた鬱結《うっけつ》せる精神をも慰暢せしむるにあるを以て、左まで厳格なる歩調を取り、一々窮屈なる指揮号令の下に動作せしむるに及ばざるべしといえども、しかもその姿勢を正し、その行列を紊さしめざる等、規律上必要の制限は容赦なくこれを励行せざるべからず。彼、奸譎狡獪《かんきつこうかい》の徒口《あだぐち》、言わざるも眼能くこれを察し、眼見ざるも耳能くこれを聴き、手能く口の用をなし足また能く手の働きをなす。宜しくこれら微妙の機を察して戒護の周到を期せしむることを務むべし。如何なる場合に論なく同僚相接近して濫《みだ》りに交談するが如きことある勿れ。常にその耳目を新鮮快闊ならしめよ。

炊事掃除の場合

炊事、掃除その他これに類する監獄の周役に従事せしむる所の囚人を戒護する場合に於いては、看守は須らく層倍の注意を加えて厳正にこれを検束し、決して相親狎するが如きことある勿れ。またこの囚人をして濫りに他の囚人と近接せしむるが如きことある勿れ。

看守もし外役戒護の命を受けたる場合に於いては、まずこれに従事すべき受持囚人を領収する前に当たり、一応その囚人及び番号を点験すべし。

これを引して街路を通行する際に於いては常に囚人をして整然たる行列を保たしめ、決してその歩調を紊さしむるが如きことある勿れ。殊に街路の屈由する所に注察せよ。号令に由るの外、囚人をして恣に自から動作せしむるが如きことある勿れ。一挙一動、苟くも草鞋の紐を結ぶが如き小事に至るまでも凡べて一々看守の許可を受けしめよ。且つなるべく路上の人と相接近せしめざる注意あるを要す。斯くてもし指定の役場に到着せば、看守は宜しくまずその地勢の実況を熱察し、一目の下に受持全体の囚人を観察し得べき適当の位置を撰んでこれに立番すべし。而してその囚人を夫々就業の場所に配置するに当たりては必要なき限りなるべくこれを集合し、また縦令い三々五々にこれを分離せしむるの必要ありといえども、決して一人もその眼界の外に散在せしむるが如きことある勿れ。

外役戒護の場合に於いて看守の最も注意すべき所の要点は囚人をして普通人民に接近せざらしむること及び囚人の逃走を防制すること則ちこれなり。適実且つ厳重なる戒護を加えたる後ちに於いてなお逃走せらるるが如きあるは人力の及ばざる所また如何ともすべからず。一面急使を馳せて監署にこれを報告し、一面戒護上に差支えなき限り道これを追跡せよ。但し場合に由り直ちに全囚を引上げて帰監の手続を断行するを要す。

監獄に於いては火災を予防すること最も峻厳ならざるべからず。故に看守は如何なる場合の勤務に配置せらるるに論なく、構内各所の灯火は言うまでもなく、工場、炊所、浴室、休憩場等凡べて火気を使用する場所に就いては常に慎密なる視察を加え、苟くも危険の処ありと認めたる所の事項は緩急を計って直ちに相当の処置を施すの注意あるを要す。

如何なる場合に論なく必要なき限りは決して囚人をして火気を扱わしむるが如きことあるべからざるは勿論、なるべくこれに近接せしむるが如きことなきを要す。もし使夫炊夫等に従事する所の囚人をして使役上、これを取扱わしむるの必要あるときは、最も厳密にこれを監察し、毫も軽卒または放漫の挙動あるが如きことなからしむべし。且つまた燐寸《マッチ》、薪炭の類は常に一定せる鎖鑰《さやく》その他の取締りある場所に保管し、決してこれを散在せしむることあるべからず。

免役日及び休役時間の場合

小人、閑居して不善を為す。免役日もしくは休役時間は、則ち彼、囚人に取りて閑居の時なり。違例犯則多くは則ちこの時に醸生す。受持看守の最も注意を要すべき機会なりと謂うべし。然れどもまた漫然、規律の末節に拘泥して苛察誅求あたかも禅を学ぶ僧に対するが如く、徒らにこれに兀坐冥想を強ゆる所あらんと欲するは、却って彼の苦痛を加え、退屈に堪えざらしむる所以にして、たまたま以て彼に休養の恩恵を与うる本旨に戻る結果あるを免れず。この場合に受持看守たる所の者は須らく休養の本旨に戻らざる範囲に於いて、しかも彼、囚人をして閑居不善に陥らざらしむるの工夫あるを要す。

免役日または休役時間に在っては宜しくまず努めて書籍の看読《かんどく》を奨励せよ。

或いは彼に対し有益なる書籍を撰んでこれを読み聞かすも、また必要にして時として、また獄則教令等の規定に就き、その旨趣のある所を数演講説するの注意あるを要す。書信の如きもまたなるべく免役日または休役時間に於いてこれを認めしめよ。その自筆する能わざる者に就いては看守は宜しく代書の労を取るべし。但しなるべく私見を交えず煩冗は厭わず、充分、本人の意衷を悉《つく》して遺憾なからしむるの注意あるを要す。また囚人中、もし文盲にして監外より送り来りし所の書信を読み能わざる者あるときは、看守はこれを読み聞かせたる上、なお懇ろにその意味の次第をも解説し与うべし。

教誨堂勤務の場合

日曜日及び免役日に於いて総囚教誨を施行する場所を教誨堂と称す。教誨堂は神聖犯すべからざるの霊場にして、神、これに在まし、神使、これに神言を伝う。神の前には囚人なくまた官吏なし。故に教誨堂の戒護に従事する所の看守は宜しくこの心を以てその心とし、まず専ら神を敬し教誨師を尊重するの誠意を表し、躬、囚人の摸範となり、率先以てその挙止を正粛謹厳ならしむることを要す。多数囚人の中には一片敬神の念慮なく、頑冥あたかも石の如く、また鉄の如く、かつて教誨の感謝すべきを知らず、また霊場の尊重すべきを悟らず、多囚群居の機会を利用して或いは悪戯を逞うし、或いは窃かに通謀《つうぼう》を試みんとするが如きものあり。或いは聾愚、事理を解せず、身、霊場に在って貴重なる教誨を聴聞しつつあるを忘れ、或いは謹慎を欠き、或いは容儀を紊すが如き者あり。或いは陽に敬畏承順の仮面を装い、これに依って官吏の甘心を求めんと陰謀するが如き者また少なからず。戒護官吏たる者、須らく烱眼を以てその幽微の真相を看破し、もし、或いは通謀その他事体軽からざる犯行ある者を発見せば、穏かに退場を命じて上官の指揮を請うべく、その濫りに談笑をなし、或いは静粛を紊る等の挙動ある者に対しては静かにこれが制止を試むる所あるべく、而してその僅かに容姿を紊り、もしくは放心の状あるが如き者に至っては宜しくまず注意的、一睨を与えて以てこれを警戒するに止むべし。但しその視察したる所の実況は教誨終結の後に於いて一々これを上官に申告するを要す。なおこれに教誨堂戒護の任務に当たるべき看守の注意すべき要件ありと謂うは他にあらず。通常職務を執行する場合に在っては囚人に対し総べて号令的、簡明且つ厳粛なる語調を用うべきも、教誨堂にある間もしくは囚人をこれに往復せしむる際に在っては規律上、差支えなき限りなるべくその語調を寛和平静ならしむべきこと即ちこれなり。蓋し名教の旨を体して寛厚慈仁の徳を全うし、なるべく囚人をしてその心を和らげ、その意を平らかにし、教誨を受くる所の心地をして清浄且つ静穏ならしめんことを欲すればなり。

教場勤務の場合

百悪の源、多くは無教育なるに帰す。教育なきが故に廉恥の何物たるを知らず、廉恥を知らざるの結果、終に罪を犯し法に触るるの人となるに至る。監獄に於いて教誨、即ち徳育を施すの傍ら、兼ねてまた学業、即ち智育を授くるの規定ある所以のものは、盖し罪悪の泉源を涸らさんが為めの旨趣たるに外ならざるなり。教場戒護の任を胆当する所の看守は宜しく前段、教誨堂戒護の場合に於いて説述したる所の事項を参酌してこれに従事すべし。躬、まず教師を尊敬し、而して後ち生徒を教令せよ。従順且つ精勉ならしめよ。しかも慎んで貴重なる教権を侵犯するが如きことある勿れ。

看守もし病監担当の勤務に配置せらるる場合にあっては、大体、普通の場合に於けるものと同一の規定を遵奉すべきこと勿論なりといえども、しかも彼、病囚なる所のものはその性質として完全なる刑の執行に堪えざるものなるが故に、自からまたこれに対する相当の処遇法なかるべからざるは明らかなり。病監もまた行刑の場所なり。故に行刑の範囲を脱してもなお治療の全きを期すべきにあらざるべしといえども、行刑の為めに治療の目的を犠牲に供するに至っては、決してまた監獄の本旨に適したるものとは謂うべからず。この辺の消息、須らく汝の上官たる監獄医に於いて飽くまでこれを了知すべし。病監に在っては殊に最も監獄医の指揮命令を遵奉するの注意あるを要す。蓋し病監は監獄医の全権の下に支配せらるべき場所なるを以てなり。

病監担当の看守は兼ねてまた病囚看護の責任を有す。看護は一の専門的技術にして治療の半ばはほとんど看護の力にありと云う。如何んぞまたこの要務を挙げてこれを無責任なる看護夫如き者に放任し得べけんや。看守は宜しく自から普通看護の技術に通暁する所なかるべからず。これに通暁するを俟って始めてその任務を全うするを得べく、また部下の看護夫に対して適実なる監督を励行することを得べきなり。

病囚に対しては宜しくまず慈愛を旨とし、忍耐寛厚の挙動を以てこれに接せざるべからず。また常に満腔の同情を表して彼の病苦を慰藉する所あれ。然れどもまた区々の情実に牽制せられ、敢えて或いは不必要の寛待をなすが如きことある勿れ。不当の請求は懇ろに説諭してこれを斥け、正当の理由あるものは一層敏活にこれを処理する所あるべし。

病囚は則ち多く悲哀に沈む。殊に重症に陥りたる者に於いて最も然りとす。ますます懇切の処遇を以てこれを慰め、努めてその勇気を鼓舞すべし。彼の神経は過敏なり。決して彼の面前に於いてその症状を語るが如きことある勿れ。独りその症状のみならず、苟くも彼が感情を害すべき所の事項はなるべく彼の耳に入らしめざるの注意あるを要す。病囚に対する須らく汝が肉親の病者を看護すると同一の心得なくんばあるべからず。看護の徳は無量なり。もし能くこれを利用せば、石田を変じて墾地となすことまた至難にあらず。病監看守たるものの最も慎密の注意を加うべき所なりと謂うべし。

釈放の場合

彼、囚人の満期もしくは恩赦に由って監獄を釈放せらるるに当たってや必ずまた最後に看守の手を経過せざるを得ず。この場合に於ける看守の彼に対する言動は彼の既往に対しまた将来に向かって極めて偉大の影響を及ぼすものなるが故に、苟くも或いは軽卒粗漫に失するが如きことある勿れ。この瞬間に於ける汝の言動をして一層深く彼に恭敬感謝の念慮を起こさしむるの注意あるを要す。監獄に於ける十年間の教養も看守が彼の釈放瞬間時に施す所の一言に由ってたちまち雲消霧散し、了わるに至ることありと知るべし。釈放は監獄生活の終わりにして同時にまた社会新生活の始めなり。この終わりを善くするは、則ち彼の始まりを善くするものと謂うべし。この瞬間に処する看守たる所の者は宜しく躬を以て忠誠信実の活摸範たる任務を全うする所なくんばあるべからず。

第八章　看守の同僚及び社交に対する心得を論ず

看守はその同僚に対し、常に集睦を旨とし信義を致し、決して粗暴倨傲の所為あるべからず。これ独り公務上に於ける時のみ然るにあらず、私交上に於いてもまた常にこの旨趣を服膺して相奨励幇助する所あるを要す。而してまた同班者の内に在っても上班者に対してはこれを敬重するの礼を執り、下班者に対してはこれを愛護するの節を守り、決して不遜軽侮に渉るが如き挙動あるべからず。同僚に対するの礼儀は移して以てこれをその家族に及ぼすべし、僚及びその家族の面目を庇護するは、即ちまた監獄の体面を尊重するものなりと謂うべし。

兵を談ずる者、必ずまず人の和を尚う。看守は則ち所謂犯罪軍に対して常に平和の戦いに従事する所の者なり。須らく同僚、相敬愛和協する所なかるべからざるは論を俟たず。看守が囚人に対して検束の上にまた教養の上にその偉大の勢力ある所以のものは帰する所、全く一心同体となって多数の働きを集注固結するが為めなりと知るべし。三軍和せざれば以て戦を言い難く、百官和せざれば以て治を言うべからず。ただ夫れ和衷なる哉。

懇親の内にも自からまた礼あるべし。如何なる場合に論なく決して野卑の言葉を用い、もしくは粗略の挙動を示すが如きことある勿れ。これらの事、縦令い同僚の感情を害するも恐れなしとするも、しかも囚人教養の上には少からざる弊害を招来するものたるを免れず。況んや懇親もまた終にこれが為めに破るるの階となるを免れざるに於いてをや。

上班看守として、時に或いは下班の看守に指揮命令を下すの場合に於いても、なるべくその用語を慎み、決して或いは職権を弄するが如きことある勿れ。依頼せらるるが如くに響く所の命令はこれを受くる者に取りては一層強く服従の義務を余儀なくせらるるの感ありと云う。同僚に対する宜しく最もこの注意なかるべからず。

囚人の面前もしくは囚人に近接したる場合に於いては殊に深く慎密の注意を加え、決して或いは同僚、相口論するが如きことある勿れ。少なくも相恊和せざるが如き挙動を示すことなきを要す。看守として一旦、囚人に命令する所のものは善悪に拘わらず、自己の一存を以て直ちに復た反対の命令を囚人に下すが如きことある勿れ。同僚の命令は則ち自己の命令なりと知るべし。

吉凶、或いは祝し、また或いはこれを弔す。此くの如くにして始めて和衷の実を全うするを得べし。労は自から進んでこれに当たり、逸は則ち成るべくこれを人に譲る。その間、もとより糸毫の徳色あるを許さず。同僚の幸福は則ち自己の幸福なりと心得、苟くも他人の幸福を嫉《そ》ねむが如きことある勿れ。嫉忌は則ち不和《ふわ》悖戻《はいれい》の基なりと知るべし。

凡そ物、進むにあらざれば則ち退く。静止は則ちこれ退歩なり。看守はその繁労なる勤務に従事するの傍らに於いて常にまた同僚相切嗟して斯業の学術を研究練磨する所あるを要す。

看守は職務に従事せざる時といえども、その己れを持すること極めて謹厳且つ方正にして、糸毫も隣佑《りんゆう》その他の指斥《しせき》を受くるが如き言行あるべからず。名誉に貧しきは以て憂となすに足らず、廉恥に富まざるを以て憂いとせよ。廉恥を破るの賊は負債これなり。窮乏身に迫るも決して負債を起こすが如きことある勿れ。負債は独り汝の品位を損し、汝の家族を累殺せしむるのみならず、終にはまた汝の職務を略奪し去るに至るものと覚悟すべし。

看守は常にその交友を撰み、またその快楽を高尚ならしむべし。快楽はなるべくその親愛なる家族とこれを倶にし、濫りに酒楼その他不良の徒の群集する場所に出入すべからず。交友と会語する際に於いては、縦令い如何なる懇親の者といえども努めて談、監獄の出来事に渉ることを避けよ。寧ろ全くこれを緘黙《かんもく》せよ。職務上の秘密は如何なる場合に論なく、最親骨肉の間といえども堅くこれを格守すべきは論を俟たず。

囚人にして出獄後、往々看守を訪問する者あり。その意、蓋し或いは在監中の恩誼《おんぎ》を謝せんと欲するに出ずるものあるべく、或いは仇怨《きゅうえん》を晴らさんと欲するが為めなるものもあるべく、或いは全く一時の好奇心に起りたるものもあるべく、或いは種々陰険なる謀略を運《め》ぐらさんと欲するに由るものもあるべし。これを要するに、斯くの如き者に対しては及ぶべく厳格なる態度、簡単なる言語を以てこれを応接し、決してこれに親狎し、もしくは漫にこれを畏怖するが如きことあるべからず。然れどもまた決してこれを軽侮するが如き挙動ある勿れ。在監囚人の親族故旧に対する場合の如き殊に最も厳格謹粛の態度を保ち、決してその甘言に誘惑せらるるが如きことあるべからず。なるべくは則ち全くこれと相近接するの機会なからしめんことを要す。

獄務要書　終

解題　小河滋次郎・著『獄務要書』

小野修三

小河滋次郎は文久三年一二月（一八六四年一月）信州上田に生まれ、明治一九年（一八八六年）内務省に入省、当時監獄行政を管轄していた同省警保局で勤務、明治三〇年に内務省に監獄局が新設されるに伴い新設の監獄事務官、明治三三年に監獄行政が司法省に移管されてからは司法省監獄事務官として明治四三年まで在職した。この間に明治三〇年代には東京帝国大学で監獄学を講じ、明治三九年には論文「未成年者ニ對スル刑事制度ノ改良ニ就テ」で法学博士号が授与され、在職中の明治四一年には清国政府からの聘用に応じて、二年間獄務顧問として教鞭を執り、帰国後に司法省を退職した。その後は大正二年大阪府にて救済事業指導嘱託を引き受け、大正七年には大阪府方面委員（今日の民生委員）の創設に係わり、大正一四年（一九二五年）四月大阪で死去した。享年六一歳だった。

この小河は監獄行政官僚当時、看守を読者層とした冊子を七年おきに一冊ずつ、計三冊出版していた。明治二五年（一八九二年）の『看守必携獄務提要』、明治三二年の『獄務要書』、そして明治三九年の『獄務攬要』の三冊である。看守とは監獄の現場でどんな職務を遂行すべきかを説いた教科書の出版であった。

本書はその二冊目に当るもので、前著を書き改めたものというより、書き重ねられたものと言うべきで、本書を購読されたことを機会に前後二冊にも目を通して頂ければと思うが、小河はその二〇数年間に及ぶ監獄行政官僚生活のうち、初めの五、六年の間に既に自己の重要な任務は、看守を教育することであるとの認識を抱いていたことになる。そして『看守必携獄務提要』の段階では明確に主張されていないが、本書においてはその看守が教育を担当する旨が語られる。すなわち、看守の任務とは「獄則教令の励行を努むるのみを以て能事了せりとは謂うべからず。（中略）教養感化、即ちこれを看守の内部に属するの職務」（原書七頁、本書二四頁）だと述べ、この「看守の内部に属するの職務」たる「矯正感化は一の専門的技術なり。広義に於ける所謂教育学なるものの一部に属するものなり」（原書九二頁、本書一〇八頁）と。

看守は教える、誰を。本書中の用語では「囚人」を、である。つまり、看守が教え、囚人が学ぶ。しかし、囚人が学ぶに至るためには本書が言う「良心発動の機」（原書五七頁、本書七五頁）が、また明治三九年の『獄務攬要』のなかの言葉では在監人の側での「精神の活動」（一〇頁）が生ずる必要があった。その瞬間については「曙光輝き、もしくは夕陽まさに没せんとするの瞬間」（原書六三頁、本書八一頁）に起こる「感情発動の実況」（同）を見逃してはならないとも記されている。そして本書第六章「教養感化の要務を論ず」では「その仮死の精神を喚起蘇生して、これが感化の種子を下すべき」（原著一二九頁、本書一四〇頁）手法が具体的かつ詳細に紹介されている。

小河は看守に関して、この限りでは、看守からの処遇だけを問題にしていることになるが、実は相互的な関係のなかで考えられていたのである。つまり、看守は囚人、在監人を見ていると同時に、看守は囚人、在監人によって見られているという点を「看守の上官に対する形像は、たちまち囚人の看守に対する動静に反映すべきことを銘記せよ」（原書八九頁、本書一〇四頁）と述べていた。この見る、見られるという相互関係はミシェル・フーコーがその『監獄の誕生』（一九七五年）のなかでパノプティコンの構造によって切断されていると指摘したことをわれわれは知っているが、小河はこの相互関係が切断されていないだけではなく、看守はさらに典獄を見、典獄によって見られているという囚人、看守、典獄という三者間の総合的な関係を問題にしていた。

総合性ということでは、明治二五年の論文「監獄ハ内務省ニ属スヘキヤ将タ司法省ニ属スヘ（キ）ヤノ問題」のなかで「同統一系」という用語での説明が見られる。すなわち、「監獄ノ目的即チ犯罪予防撲滅ノ事ハ独監獄其レ自身ノミノ作用ヲ以テ能ク貫徹シ得ヘキニ非ス他ノ行政事務即チ救貧、感化、慈善、警察等ノ事項ト共ニ同統一系ノ関係ヲ以テ相並行セサルヘカラサルモノ」（『監獄学雑誌』第三巻第一三号、一四頁。小河滋次郎著『監獄学』明治二七年、三一〇頁）であると。明治二五年の執筆であり、まさに第一冊目の『看守必携獄務提要』が出版された当時からの認識であった。

要するに、看守とは「犯罪予防撲滅」という監獄の目的を実現するための教育の「専門的技術」者であった。そしてその専門性、技術性は、対内的には囚人、看守、典獄の間の相互関係性のなかで、また対外的には「救貧、感化、慈善、警察等ノ事項ト共ニ同統一系ノ関係」との相互関係性のなかで機能するものと考えられていた。

そうした機能発揮がどれほど成功したかは別にして、小河はその教育思想を以て明治三〇年代前半には感化法の制定から感化院の設置、同年代後半には浦和監獄川越分監における特別幼年監の発足をそれぞれ計画し、実施していた。『少年矯正の近代的展開』（矯正協会、昭和五九年）によれば、この「幼年監は、形は監獄であったが、その内容は、学校的、家庭的、あるいは感化院的な教育であった」（四七頁）。

小河は本書の冒頭で「監獄の改良は人に存して物に存せず」（原著二頁、本書二〇頁）と揚言していた。彼が抱いていた苦悩、すなわち「人」としての自分と統治機構ないし国家の一員としての自分との間に存在する乖離は、この『獄務要書』を定価八五銭で市販するという言論「人」としての活動によって、確かに意識されていた。小河は統治機構の一員であってかつその統治機構に批判の声を挙げることの出来た「人」であった。三冊の教科書こそ、既存の監獄運営のあり方への批判の書物であった。刑事政策の専門性、技術性の一層の進展のなかで、統治機構ないし国家とわれわれとの関係を議論する必要性は一層高まっている。今日、看守という「人」だけではなく、いや専門性、技術性の有無に係わらず、われわれの福祉、尊厳と関係している事柄だと自覚出来るが故に、誰もが共に「人」として言論に係わっていくことがますます必要となって来ている。われわれも『獄務要書』の読者の一人である。

[著者]：小河 滋次郎（おがわ・しげじろう）

法学者。号は岳洋。旧制東京専門学校（現・早稲田大学）法律学科、東京大学法学部別課法学科で学ぶ。論文「未成年者に対する刑事制度の改良に就いて」で法学博士号。内務省警保局監獄課に配属され、ドイツに留学し監獄状態を視察。万国監獄会議に出席。警視庁典獄となり、旧監獄法、感化法の起草に尽力。国立感化院（現・国立武蔵野学院）の設立に携わり、同院の院長事務取扱を務める。中国（清国）政府に招かれ、獄制改革を指導。また、方面委員（後の民生委員）制度の確立に尽力した。

[解題]：小野 修三（おの・しゅうぞう）

慶應義塾大学名誉教授、博士（法学）。一九四八年生まれ。一九七六年、慶應義塾大学大学院法学研究科博士課程単位取得退学。主要著作に、『公私協働の発端—大正期社会行政史研究—』（時潮社、一九九四年）、『監獄行政官僚と明治日本—小河滋次郎研究』（慶應義塾大学出版会、二〇一二年）。

日本《にほん》の司法福祉《しほうふくし》の源流《げんりゆう》をたずねて 1

獄務要書《ごくむようしよ》

平成 28 年 5 月 6 日初版第一刷発行
著　者：小河《おがわ》 滋次郎《しげじろう》
解　題：小野《おの》 修三《しゆうぞう》
発行者：中野 淳
発行所：株式会社 慧文社《けいぶんしや》
〒 174-0063
東京都板橋区前野町 4-49-3
〈TEL〉 03-5392-6069
〈FAX〉 03-5392-6078
E-mail:info@keibunsha.jp
http://www.keibunsha.jp/
印刷所：慧文社印刷部
製本所：東和製本株式会社
ISBN978-4-86330-162-7